나를 빛나게 하는 어린이 사회성 기술
01 생각의 기술

생각이 중요해!

초판 1쇄 발행 2009년 9월 4일
초판 11쇄 발행 2022년 6월 10일

글쓴이 | 김민화
그린이 | 박윤지
펴낸이 | 김사라
펴낸곳 | 해와나무
출판 등록 | 2004년 2월 14일 제312-2004-000006호
주소 | 서울특별시 영등포구 양산로23길 17 2층
전화 | (02)364-7675(내용), 362-7675(구입)
팩스 | (02)312-7675
ISBN 978-89-6268-036-2 74330
　　　978-89-6268-035-5 (세트)

ⓒ 김민화 2009

· 값은 뒤표지에 있습니다.
· 책 내용의 일부 또는 전부를 인용하거나 발췌하려면 반드시 저작권자와 출판사 양측의 서면 동의를 구해야 합니다.

제조자명:해와나무 제조국명:대한민국 제조년월:2022년 6월 10일 대상 연령:8세 이상
전화번호:02-362-7675 주소:서울특별시 영등포구 양산로23길 17 2층
＊KC마크는 이 제품이 공통안전기준에 적합하였음을 의미합니다.

나를 빛나게 하는 어린이 사회성 기술

01 생각의 기술

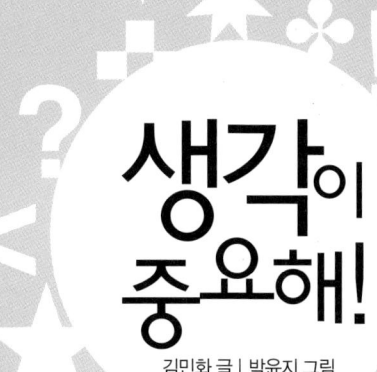

생각이 중요해!

김민화 글 | 박윤지 그림

해와나무

| 지은이의 말 |

열 살을 넘어선 친구들에게

열 살이 넘으면서 이런 말을 자주 듣게 되었을 거야.
"이제 다 컸으니 네 일은 네가 알아서 해라!"
그럴 때 네 마음은 좋으면서도 한편 걱정되기도 했을 거야. 자신의 일을 알아서 한다는 건, 행동의 옳고 그름도, 행복도 불행도 스스로 책임져야 한다는 이야기가 되니까 말이야.

그런데 행복한 사람과 불행한 사람의 차이가 뭔지 아니?

흔히들 행복한 사람은 공부를 잘하거나 돈이 많거나 건강하거나 사회적으로 높은 지위에 있는 사람이고, 불행한 사람은 그렇지 않은 사람일 거라고 생각하지.

하지만 실제로 행복과 불행은 겉으로 보이는 것에 의해 정해지지 않았어. 사람들에게 자신이 얼마나 행복한가를 물었을 때 가진 것도 없고 벌이도 변변치 않은 사람이 자신은 매우 행복하다고 말했던 반면, 어마어마한 재산과 높은 지위를 가진 사람은 매우 불행하다고 말하기도 했거든.

게다가 행복한 사람과 불행한 사람들이 얼마나 많은 것을 가지고 있고, 무슨 일을 하고 있으며, 어떤 일이 발생했는가를 비교해 보면 서로 간에 큰 차이가 없다는 거야.

그렇다면 무엇이 사람을 행복하게 하고, 반대로 무엇이 사람을 불행하게 만드는 걸까?

　그건 바로 '생각의 차이'였어. 행복한 사람은 자기 자신은 물론 자신이 가지고 있는 것, 자신에게 일어난 모든 일을 긍정적으로 바라보고 앞으로 더 잘될 것이라는 생각을 가지고 있었지. 하지만 불행한 사람은 그렇지 않았어. 자신을 무능한 사람으로 바라보고, 자신이 가지고 있는 것을 가치 없는 것으로 여긴 채 자신에게 일어난 일을 나쁜 일로만 여겼지.

　너희는 행복한 사람이 되고 싶니, 아니면 불행한 사람이 되고 싶니?

　행복한 사람이 되고 싶다면 '행복한 생각'을 할 수 있어야 되겠지?

　이 책은 너희가 행복한 생각으로 더 즐겁고 성공적인 생활을 할 수 있는 방법을 알려 주고 있어. 좋은 생각과 그렇지 않은 생각을 구분하고, 어떤 생각을 가져야 하고 어떤 생각을 버려야 하는지를 알려 주지.

　아줌마는 이 책이 너희의 가정, 학교, 다른 사회 생활에 도움이 되길 바랄게.

　어떤 일이라도 고민이 생겨 마음이 복잡해질 땐 책 속에 나오는 친구들의 이야기와 행복한 생각을 위한 기술들을 떠올려 보렴.

　가장 중요한 건, 너희 스스로가 그렇게 할 수 있다는 것을 믿는 거야.

　그리고 잊지 말렴! 주위에는 너희를 응원하는 사람들이 아주 많다는 걸!

2009년 8월, 힘찬 응원을 담아

청동말굽 대장 아줌마

| 차례 |

| 첫 번째 마당 |
반드시 구분해야 하는 생각

01 자신감과 자만심
네 바퀴 연속 구르기　10

생각의 기술 · 하나
진정한 자신감은 어떻게 하면 생길까?

02 용기와 무모함
트루 가이　26

생각의 기술 · 둘
참다운 용기는 어떻게 가질 수 있을까?

03 지켜 주어야 하는 비밀과 지킬 수 없는 비밀
베프의 비밀　44

생각의 기술 · 셋
비밀을 지켜야 할지 어떻게 판단할까?

| 두 번째 마당 |
절대로 버려야 하는 생각

04 잘못된 건 모두 남의 탓
희정이의 얄미운 입 62

생각의 기술 · 넷
남의 탓만 하지 않으려면 어떻게 해야 할까?

05 운이 나쁘다는 믿음
영천이의 법칙 74

생각의 기술 · 다섯
머피의 법칙은 어떻게 깰 수 있을까?

06 당한 대로 갚아 주어야 한다는 복수심
앙갚음의 고리 끊기 86

생각의 기술 · 여섯
불타는 복수심은 어떻게 없애야 할까?

| 세 번째 마당 |
기필코 가져야 하는 생각

07 중간에 포기하지 않는 목표 의식
으라차차 검도 배우기 100

생각의 기술 · 일곱
도중하차하지 않으려면 어떻게 해야 할까?

08 잘할 수 있다는 믿음
영어 말하기 대회 114

생각의 기술 · 여덟
긍정적인 기대는 어떻게 가질 수 있을까?

| 첫 번째 마당 |

반드시 구분해야 하는 생각

01 자신감과 자만심

네 바퀴 연속 구르기

"쟤, 왜 저러니?"

"그러게! 오늘 아침엔 해가 서쪽에서 떴냐?"

아이들이 난수를 보고 수군거렸다. 난수가 수업 시간 중 선생님의 질문에 답을 하겠다고 계속 손을 들었기 때문이다. 더구나 선생님이 시키기도 전에 큰 소리로 답을 이야기하기까지 했다. 뭐, 반에 이런 아이가 한두 명쯤 있는 것이 이상할 것은 없지만 그런 아이가 난수라는 것은 상상도 못할 일이었다.

그도 그럴 것이, 난수는 무척이나 조용한 아이였다. 조용하다 못해 교실 안에 난수가 있다는 것을 느끼기도 힘들었다. 여태까지 난수는 수업 시간에 선생님이 행여 자기에게 질문을 할까 봐 고개를 푹 숙이곤 했다. 숙제나 일기를 제출할 때도 난수는 자기 것을 제일 밑에 감추듯 집어넣곤 했다. 음악 시험을 볼 때도 목소리든 피리 소리든 제대로 내지 못하고 얼굴만 빨갛게 달아올랐다. 게다가 음치, 박치, 몸치……. 뭘 하든 둔하고 어설퍼서 더 움츠러들기만 하는 그런 아이였다. 그런 까닭에 오늘 난수의 행동은 아이들의 눈에 신기한 것을 넘어서 이상하게 보였다.

"너, 약 먹었냐?"

쉬는 시간에 기용이가 난수의 책상 앞으로 와서 거드름을 피웠다. 그동안 기용이가 난수에게 말을 건 적은 한 번도 없었다. 하지만 선생님의 질문에 늘 가장 먼저 손을 들고 답을 말하며 잘난 척을 하던 기용이가 오늘은 난수에게 첫 순서를 빼앗겨 화가 난 것 같았다. 난수는 뭔가 말하고 싶은 듯 마른침을 꼴딱꼴딱 삼키고 있었지만 아무 말도 하지 못했다.

"쥐뿔도 모르면서 함부로 나불거리지 마라!"

기용이는 난수를 노려보며 험악한 표정을 짓고는 자리를 떠났.

이렇게 기용이가 윽박질렀는데도, 난수의 전에 없던 행동은 멈추지 않았다. 다음 수업은 음악이었다. 지난 시간에 배운 노래를 다시 불러 보는데 한쪽에서 유독 큰 목소리가 들렸다. 음정 박자 모두 무시한 우렁찬 목소리의 주인공은 난수였다.

"장난수! 너냐?"

듣다 못한 선생님이 난수의 이름을 불렀다. 아이들은 웃음을 터뜨렸고 난수의 얼굴은 빨갛게 달아올랐다.

"이 녀석, 평소에는 목소리도 안 들리더니 오늘은 기차 화통을 삶아 먹었구나!"

"아니요, 난수 약 먹었어요!"

아이들은 다시 웃음을 터뜨렸다.

"무슨 소리야?"

"이상해요, 돌았어요!"

여기저기서 아이들이 소리를 질러 댔고, 책상을 두드리며 야유를 보내는 아이도 있었다.

"아, 조용! 조용!"

선생님은 교탁을 두드렸다.

"장난수, 크게 소리를 내는 건 좋다만, 우린 지금 합창을 하는 거야. 혼자만 목소리가 튀면 합창을 방해하는 거라고. 자, 자, 다시 한 번 해 보자."

난수의 목소리가 조금 작아지기는 했지만 튀는 건 여전했다. 음악 시간은 난수의 갈라지는 노랫소리와 아이들의 키득거리는 웃음소리와 함께 지나갔다.

다음은 체육 시간. 매트리스 위에서 구르기를 했다. 기용이는 세 바퀴 연속 구르기를 멋지게 성공했다. 그리고 여느 때와 다름없이 자신만만한 표정으로 벌떡 일어나 다시 줄을 섰다. 난수는 기용이의 옆으로 다가가 조심스럽게 물었다.

"어떻게 하면 너처럼 잘할 수 있는 거야?"

난수의 물음에 기용이는 비웃음이 섞인 표정으로 대답했다.

"그게 아무나 되냐? 너 같은 몸치는 어림도 없어. 공부야 책 몇 장 미리 보고 할 수 있을지 몰라도 운동은 나니까 할 수 있는 거라고!"

기용이의 말에 난수는 풀이 죽었다. 그때 누군가 난수의 옆을 스쳐 가면서 빠르게 말했다.

"자신감을 가지면 돼. 주문을 외워 봐! 난 세 바퀴를 돌 수 있다!"

은지였다. 은지도 세 바퀴 연속 구르기를 멋지게 해냈다.

이제 난수 차례가 되었다. 난수는 은지가 가르쳐 준 대로 중얼거렸다.

"난 세 바퀴를 돌 수 있다!"

하지만 간신히 한 바퀴 구르고 나니 몸이 바로 매트리스 밖으로 벗어났다. 킬킬

거리는 아이들의 웃음소리가 들렸다. 먼지를 털면서 일어난 난수는 고개를 숙인 채 자기 자리로 돌아갔다. 그 뒤로 난수는 다시 조용해졌다. 아이들도 더 이상 난수에게 관심을 두지 않았다.

"너 오늘 정말 이상하더라."

터덜터덜 집으로 향하던 난수는 익숙한 목소리에 고개를 돌렸다. 은지였다.

"왜? 너도 내가 안 하던 짓을 하니까 이상했니?"

난수의 목소리에는 약간 짜증이 섞여 있었다.

"아니, 안 하던 짓을 해서 이상한 게 아니라, 하던 짓을 멈춰서 이상했어."

"무슨 말이야?"

"뭔가 달라졌나 했는데, 체육 시간 뒤로 다시 그대로잖아."

난수는 휴, 하고 한숨을 내쉬었다.

"내가 그렇지, 뭐."

"뭐가?"

"나도 기용이처럼 앞에 나서서 뭐든 잘하고 싶었는데……."

"하면 되지, 뭐. 자신감을 가져!"

"너도 엄마랑 똑같은 말을 하는구나. 자신감을 가지면 뭐든 할 수 있다는 식 말이야."

"맞는 말 아니니?"

"오늘 봤잖아? 해도 안 되는 거. 난 아이들의 웃음거리만 됐을 뿐이야."

난수의 말에 은지는 입을 다물었다. 난수에게 뭐라고 이야기를 해 주어야 할 것 같은데 위로해 줄 말이 마땅히 떠오르지 않았다.

"그따위 주문이 무슨 소용이람! 못하는 건 못하는 거지."

난수가 힘없이 중얼거렸다.

"주문?"

은지는 체육 시간에 자신이 난수에게 해 준 말이 떠올랐다.

"나는 할 수 있다! 이런 말 하면 뭐 하냐? 변하는 건 아무것도 없는데."

"그건 맞아, 못하는 건 못하는 거야."

난수는 뜻밖의 대답에 고개를 들어 은지를 쳐다보았다. 자기가 그런 말을 하면 대부분 아니라고 맞받아치는데 은지는 그렇지 않았다.

"우리가 무슨 마법사냐? 해리 포터쯤 되냐고? '나는 할 수 있다!' 하고 주문만 외우면 바로 멋지게 해낼 수 있게?"

"그런데 왜 그런 주문을 외우라고 한 거야?"

"그런 주문이 용기를 주는 건 확실해. 하지만 못하던 것을 한순간에 잘하게 만들지는 않아. 난 그 주문 외우면서 엄청 연습했거든. 세 바퀴 구르기 말이야."

은지를 바라보던 난수의 눈이 휘둥그레졌다. 그랬구나, 은지는 세 바퀴 구르기를 연습했던 거구나. 생각해 보니 난수는 못하는 것을 잘할 수 있도록 열심히 연습해 본 적이 없었다. 그저 못한다고, 힘들다고 생각만 하고 있었다.

난수는 은지가 무척 대견해 보였다. 그리고 자기에게 이런 말을 해 주는 친구가 있다는 게 무척 고마웠다.

며칠 뒤 다시 체육 시간이 되었다. 기용이는 기운이 펄펄해서 이번엔 네 바퀴 연속 구르기에 도전하겠다고 너스레를 떨었다. 하지만 기용이는 네 바퀴 구르기에 실패했다. 기용이는 매트리스가 짧았다며 투덜거렸다. 이번에는 난수의 차례였다. 난수는 크게 숨을 내쉬며 주문을 외웠다. 그리고 그동안 연습했던 보람이 있기를 간절히 바랐다.

"난 세 바퀴를 돌 수 있다!"

한 바퀴를 돌고 두 번째 바퀴에 들어가면서 난수는 눈을 질끈 감았다. 그 뒤로는 어떻게 했는지 기억도 나지 않았다. 난수가 매트리스의 끝자락에서 일어나자 아이들이 박수를 보냈다. 선생님도 잘했다며 칭찬을 했다. 고개를 돌리자 은지가 제일 신 나서 박수를 치고 있었다. 하지만 기용이의 얼굴은 딱딱하게 굳어 있었다.

"너, 오늘 운이 좋았구나? 이 형님 하는 걸 보고 비법이라도 알아낸 거야? 다음에는 절대 따라오지 못할 거다."

잘난 척 심통을 부리고 돌아서는 기용이를 제치고 은지가 다가왔다.

"너, 정말 멋지더라! 네 바퀴 구르기까지 해냈어!"

난수는 믿기지 않았다. 세 바퀴 구르기도 힘들었던 내가 네 바퀴 구르기를 해내다니?

"정말? 정말이야?"

"그럼, 정말이지!"

"고마워, 이게 다 네가 가르쳐 준 주문 덕분이야!"

"무슨 소리, 주문 때문이면 나도 네 바퀴 굴렀게? 네가 열심히 연습한 덕분이야!"

난수의 얼굴이 빨갛게 달아올랐다. 이번에는 부끄러움 때문이 아니었다. 뭐든 열심히 연습하면 잘 해낼 수 있을 것이라는 믿음이 생겼기 때문이다.

생각의 기술 · 하나
진정한 자신감은 어떻게 하면 생길까?

아무거나 자신감?

　너도 잘하고 싶은 것이 무척 많지 않니? 공부는 물론이고 노래도, 춤도, 운동도, 게임도 말이야. 그렇지만 하고 싶다고 무엇이든 잘되지는 않는 것 같아.

　"자신감을 가져! 할 수 있다고 마음만 먹으면 뭐든지 할 수 있어!"

　이렇게들 이야기하지만 그게 말처럼 쉽진 않았을 거야. 난수의 경우도 그랬잖아?

전에는 전혀 못하던 일을 자신감을 갖는 것만으로 잘 해낼 수 있을까? 만약 그렇다면 그건 자신감 덕분만은 아닐 거야. 아마도 그 일은 이미 네가 잘할 수 있는 일이었는데, 너는 그 사실을 모르고 겁을 내고 있었기 때문일 거야. 어른들은 이런 경우를 두고 무엇이든 자신감을 가지면 다 할 수 있다고 이야기하는 것 아닐까?

언제나 틀림없는 사실은, 충분히 연습하지 않고 잘할 수 있는 일은 한 가지도 없다는 거야. 진짜 자신감은 마음가짐만으로 생기는 것이 아니라 몸도 실력도 충분히 잘할 수 있는 준비가 되어 있을 때 생기는 거지.

자신감과 자만심의 차이

    그런데, 자기가 무언가를 잘할 수 있는 능력이 있을 때에 마음속에 자신감 말고도 다른 마음이 생겨날 수 있어. 잘하는 것을 돋보이게 하고 싶은 마음이지. 이런 마음을 자만심이라고 해. 어떤 경우에는 자신감이 지나쳐 자만심으로 변하기도 하지.

    자신감은 원래 내가 잘하지 못하는 것에 도전할 때 필요한 마음이고, 열심히 노력해서 그 일을 잘하게 되었을 때 비로소 자신감이 제힘을 낸다고 할 수 있어.

자신감

다른 사람도 할 수 있는 일	나도 할 수 있는 일

하지만 잘하는 것에만 너무 몰두해서 남들이 내가 잘하는 것을 알아주었으면 하고, 또 잘하는 걸 드러내 놓고 자랑만 하게 되면 자만심을 갖게 되는 거야.

자신감은 다른 사람들이 잘하는 수많은 일들 중에서 나도 할 수 있는 일을 찾는 것이라면, 자만심은 다른 사람들은 못하는 일을 자기만 할 수 있다고 생각하는 거야. 그러니까 자만심으로 가득 찬 사람은 남을 무시하고 잘난 척을 하게 되는 거야.

자만심

| 나만 할 수 있는 일 | 다른 사람도 할 수 있는 일 |

나만 할 수 있다고!

다시 말해, 자신감은 스스로를 발전시키기 위해 필요한 것이라면, 자만심은 다른 사람들에게 보여 주기 위해 필요한 거라고 할 수 있어.

진짜 자신감은 이렇게!

어때? 자신감과 자만심은 많이 다르지?

지금 잘한다고 자랑할 수 있는 일보다는 앞으로 더 잘할 수 있는 일들이 많았으면 좋겠지? 그러니까 너한테 필요한 건 진짜 자신감이야. 이제부터 살펴볼 것들은 진짜 자신감을 갖기 위해서 어떤 생각을 가져야 하는지 정리해 본 거야. 네가 이런 생각을 먼저 할 수 있다면 자신감 넘치는 멋진 친구가 될 수 있을 거야. 우리 함께 해 보자!

자신감을 갖기 위한 생각의 기술

- 노력하지 않아도 마음만 먹으면 좋은 결과를 낼 것이라는 생각을 버린다.
  이런 마술 같은 일은 일어나지 않는다.
- 다른 사람의 평가나 칭찬보다는 자신이 지금 하려고 하는 일만 생각한다.
- 결과가 어떻게 될 것인가에 대한 걱정을 버린다.
- 못하는 것이 당연하다고 생각한다. 처음에는 노력하고 반복해야 하는 것이 당연하다.
- 지금 하려는 일의 재미있는 부분을 생각한다. 조금이라도 재미가 있으면 두려움이 사라진다.
- 작은 발전이라도 있으면 스스로를 충분히 칭찬한다.

02 용기와 무모함

트루 가이

혜용이네 학교에는 클럽이 하나 있다. 뭐, 공식적으로 학교에서 인정을 받는 클럽은 아니지만 남자아이라면 누구나 그 클럽에 들어가고 싶어 했다. 클럽 이름은 '트루 가이'였다. 영어깨나 한다는 클럽 아이가 '진짜 사나이'라는 뜻으로 지은 것이라고 했다. 혜용이도 이 클럽에 들어가고 싶어 안달이 나 있었다. 이 클럽에 들어가면 누구도 함부로 건드리지 않을 뿐만 아니라 단박에 아이들의 부러움을 살 것이라고 생각했다. 혜용이는 클럽에 가입할 뜻을 전하고 답을 기다리고 있었다.

그러던 어느 날, 클럽 아이들 중 한 명이 혜용이를 찾았다.

"너, 우리 클럽에 가입하고 싶다며? 그러려면 시험을 통과해야 해."

"시험이라니?"

"잘 알다시피 우리 클럽은 아무나 들어올 수 있는 데가 아니야. 자격이 되는지 시험을 봐야 하지 않겠어?"

"어떤 시험인데?"

"네가 진짜 사나이라는 걸 증명하는 시험! 싫으면 말고."

"아, 아니야, 할게."

"그럼 수업 끝나고 교문 앞으로 와."

말을 전하는 아이는 네깟 게 뭘, 하는 표정으로 혜용이를 아래위로 한번 훑어보고 자리를 떠났다. 혜용이는 클럽에 들어갈 수 있을지도 모른다는 사실에 뛸 듯이 기뻤지만, 한편으로는 시험을 본다는 것이 마음에 걸렸다.

혜용이는 시험 걱정에 잠을 설쳐 수업 시간 내내 비몽사몽 헤맸다. 그래도 어떻게든 시간은 흘러갔고, 종례를 마친 후 두근거리는 가슴을 안고 교문으로 향했다. 교문 앞에는 클럽 아이들이 잔뜩 폼을 잡고 서 있었다.

"네가 정혜용이냐?"

혜용이는 하마터면 "네." 하고 대답할 뻔했다. 클럽 아이들은 혜용이와 또래인데도 말투며 행동이 한참 위의 형들처럼 보였다.

"시험은 세 가지다. 모두 네가 진짜 용기 있는 사나이라는 걸 보기 위한 거다."

클럽 '짱'인 아이가 고갯짓을 하자 모두들 발걸음을 옮겼다. 혜용이도 아이들을 따라갔다. 아이들은 넓은 도로 앞에서 멈추었다. 그곳은 건널목과 멀찌감치 떨어진 곳이라서 차들이 쌩쌩 달리는 곳이었다.

"자, 여기야. 여기서 첫 번째 시험을 보는 거야. 이 길을 멈추지 않고 한 번에 건

넌다!"

"그건…… 너무 위험하잖아?"

혜용이는 당황해서 아이들을 바라보았다.

"위험한 일이니까 용기가 필요한 거야. 진짜 사나이라면 목숨 따윈 아깝지 않아야지."

클럽 짱은 말을 마치고 멤버 중 한 아이에게 고갯짓을 했다. 그러자 그 아이는 주저하지 않고 도로를 가로질러 건넜다. 클럽 아이들은 그 아이에게 환호를 보냈다.

"이제 네 차례야."

혜용이는 망설일 수도 없었다. 이 아이들에게 용기를 보여 주어야 한다는 생각만으로 도로를 향해 몸을 날렸다. 자동차가 급브레이크를 밟는 소리와 경적 소리, 그리고 정신없는 놈이라고 욕하는 소리도 들렸다. 하지만 혜용이는 눈을 돌리지 않고 앞만 보고 달렸다. 건너편 인도에 발이 닿는 순간 후유

하고 숨을 내쉬었다. 건너편에서 아이들이 보내는 환호 소리가 들렸다.

'첫 번째 시험은 통과한 건가?'

혜용이 가슴에서 심장 뛰는 소리가 크게 들리는 것 같았다.

"제법인데? 내일은 두 번째 시험이다!"

클럽 짱이 혜용이의 어깨를 툭 치며 말했다.

"내일? 한꺼번에 하는 거 아니었어?"

"무슨 소리? 하루에 하나다. 다들 학원 가야 해. 진짜 사나이들은 공부도 게을리 하지 않는다구. 너도 성적 관리 잘해라."

아이들은 혜용이만 남겨 둔 채 자리를 떠났다. 혜용이는 이런 걸 시험이라고 보나 싶었지만 어쨌든 첫 시험을 통과했다는 사실에 기뻤다.

다음 날도 클럽 아이들은 교문에서 혜용이를 기다리고 있었다. 오늘은 무슨 시험일까 걱정이 되는 혜용이와는 달리 아이들은 무척 즐거워 보였다.

"두 번째 시험은 지나가는 중학생에게 시비 걸기다."

"뭐라고? 그런 말도 안 되는……."

"싫으면 지금이라도 그만두면 되잖아."

클럽 짱은 불쾌한 표정을 지었다. 혜용이는 마지못해 인적이 드문 골목길로 향했다. 클럽 아이들은 골목 어귀에서 혜용이를 지켜보았다.

"야, 온다!"

클럽 아이의 소리에 고개를 돌리니 중학생 한 명이 골목길로 들어서고 있었다.

다행히 혼자였지만 덩치가 무척 컸다.

"어이, 중삐리! 너 오늘 잘 만났다!"

혜용이는 언젠가 본 적 있는 영화 속 주인공처럼 어깨에 잔뜩 힘을 주고 말했다.

"뭐야, 이거?"

덩치 큰 중학생의 기세가 만만치 않았다.

"얘가 돌았나? 좋은 말 할 때 집에 가라, 엉?"

"이게 어디서 집에 가라 마라야?"

혜용이는 다짜고짜 덩치 큰 중학생에게 엉겨 붙었다. 중학생은 혜용이를 밀쳐 내며 주먹을 날렸다. 혜용이는 퍽 소리와 함께 뒤로 나자빠졌다. 화가 치민 중학생이 혜용이를 한 대 더 치려고 할 때 클럽 아이들이 나타났다.

"형님, 얘가 오늘 제정신이 아니에요. 용서하세요."

클럽 짱이 공손한 말투로 말했다. 어느새 클럽 아이들은 덩치 큰 중학생을 둘러싸고 섰다.

"너희들 친구냐? 애 엄마한테 정신 병원에나 데리고 가라고 해라!"

남자아이들 여러 명에게 둘러싸인 중학생은 심상치 않은 분위기를 느꼈는지 서둘러 자리를 떴다.

"됐다, 오늘 시험도 통과다. 이제 마지막 시험 하나만 남았다."

클럽 아이들은 바닥에 자빠진 혜용이를 두고 집으로 돌아갔다. 혜용이는 입술에 뭔가 짭짤하고 뜨끈한 것이 와 닿는 걸 느꼈다. 옷소매로 쓱 닦아 내자 코피가 묻어

나왔다.

'내가 지금 뭐 하는 거냐…….'

집에 와 보니 다행히 엄마가 없었다. 장을 보러 간 모양이었다. 혜용이는 얼른 화장실로 들어가 얼굴을 씻고 옷소매에 묻은 핏자국에 비누칠을 했다. 아직 코피 자국이 남아 있나 거울을 보던 혜용이는 행동을 멈추고 가만히 거울에 비친 자신의 얼굴을 바라보았다.

"트루 가이?"

혜용이는 거울 속에 비친 자신의 얼굴을 보면서 무슨 트루 가이가 달리는 차 사이로 뛰어들고, 지나가는 사람에게 시비를 거느냐고 물었다.

그 다음 날도 클럽 아이들은 혜용이를 기다리고 있었다. 아이들은 무슨 신 나는 일이 있기나 한 것처럼 들떠 있었다. 혜용이는 아이들이 자신을 클럽 멤버가 될 사

람으로 생각이나 하는 걸까 의심이 들었다. 어쩌면 그저 재미난 구경거리 정도로 여기는 것은 아닐까 생각했다. 아이들은 혜용이를 학교 근처 슈퍼 앞으로 데려갔다.

"마지막 시험은 슈퍼에서 아이스크림을 훔쳐 오는 거야."

"뭐라고? 그건 나쁜 짓이야."

"우린 나쁜 짓을 시키는 게 아니라 담력 시험을 보는 거야."

"싫으면 그만두라 그랬지? 그리고 이건 네가 선택한 일이니까 잡히면 모두 네 책임이다."

"그런 말이……."

"우린 근처 놀이터에서 기다리고 있을 테니, 성공을 빈다, 친구야!"

슈퍼 앞에 혼자 남겨진 혜용이는 가슴이 쿵쾅거리는 것을 견디기 어려웠다. 이

건 아니잖아, 하면서도 지금까지 왔는데 눈 딱 감고 마지막 시험만 통과하면 된다고 생각하며 마음을 추슬렀다. 혜용이는 애써 태연한 척하면서 슈퍼 밖에 놓인 아이스크림 냉장고로 다가갔다. 아이스크림 다섯 개 정도를 꺼내 들고 슈퍼 안을 들여다보았다. 주인아저씨는 다른 손님이 사려는 물건 값을 계산하고 있었다. 혜용이는 이때다 하고 냅다 달렸다. 뒤에서 주인아저씨의 고함 소리가 들렸다. 혜용이는 정신없이 달렸다.

헐떡거리며 놀이터에 도착한 혜용이를 보고 클럽 아이들은 "우와!" 하고 환호성을 질렀다. 하지만 그것도 잠시, 아이들은 이내 아이스크림을 하나씩 거머쥐고 껍질을 벗겨 먹기 시작했다.

'저렇게 좋아하다니……. 물건을 훔친 게 아무렇지도 않단 말이냐?'

혜용이는 아이스크림을 꼴딱꼴딱 잘도 넘기는 아이들을 노려보았다. 혜용이의 시선을 느꼈는지 클럽 짱이 한마디 뱉었다.

"그래그래, 잘했다. 넌 이제부터 트루 가이 클럽에 들어온 거야."

"트루 가이? 그딴 건 니들이나 해라!"

혜용이의 말에 아이들은 먹는 것을 멈추었다.

"니들이 진짜 사나이냐? 용기하고 못된 짓하고 구분도 못하는 멍청이들아!"

"얘 지금 뭐라고 하는 거냐?"

"물건을 훔치고도 아무렇지도 않은 게 무슨 용기냐? 니들은 진짜 사나이가 아니라 진짜 나쁜 놈들이다."

"훔친 건 너잖아?"

"니들이 시켰잖아?"

"기억 안 나? 네가 선택한 일이니까 네 책임이라고 했잖아. 훔친 거 되돌릴 수도 없으면서 뭘 잘난 척이야?"

"뭐라고? 니들은 정말로 나쁜 놈들이다. 다시는 니들하고 상대 안 한다."

"그래라, 네깟 놈 처음부터 끼워 줄 생각도 없었으니까. 봐주면 고마운 줄 알아야지."

　클럽 짱의 말에 아이들 모두 웃음을 터뜨렸다.

　혜용이는 너무나 분해서 눈물이 나올 것 같았다. 재빨리 등을 돌리고 놀이터에서 뛰어나왔다. 다시 학교 근처에 도착하자 정신이 좀 드는 것 같았다. 혜용이는 주머니를 뒤져 가지고 있는 돈을 세어 보았다. 2천 원. 이걸로는 훔쳐 온 아이스크림 값을 치를 수 없었다. 돈도 돈이지만 슈퍼에 가서 아이스크림 값을 치를 용기도 나지 않았다. 안절부절못하고 있을 때, 엄마가 지나가는 것이 보였다. 엄마를 보자 울음이 터졌다. 엄마는 아무 이유도 모르고 아들을 달래 주었다. 혜용이가 좀 진정한 기미를 보이자 엄마는 무슨 일이 있었는지 물었다. 혜용이는 엄마에게 그동안 있었던 일들을 설명했다. 엄마는 자신이 한 잘못을 시인하고 용서를 빌 수 있는 것도 진정한 용기라고 말하며 혜용이의 손에 2천 원을 쥐어 주었다.

혜용이는 엄마가 준 2천 원과 자신의 돈 2천 원을 보태어 들고 슈퍼 앞으로 갔다. 어떻게 말을 해야 할지 막막했다. 주인아저씨가 다짜고짜 도둑놈으로 몰면 어떡하나 생각하니 다시 눈앞이 깜깜해졌다. 하지만 이럴 때 필요한 것이 진짜 용기라고 생각했다. 혜용이는 슈퍼 안으로 들어가 주인아저씨에게 죄송하다는 사과와 함께 어찌 된 일인지 설명했다. 그리고 아이스크림 값을 드렸다. 아저씨는 잘못을 깨달았으니 되었다며 혜용이의 어깨를 두드려 주었다. 슈퍼 밖으로 나오니 엄마가 혜용이를 기다리고 있었다. 엄마와 함께 집으로 돌아오면서 혜용이는 트루 가이 클럽 따위에 들지 않아도 자신은 진짜 사나이가 될 거라고 다짐했다.

생각의 기술 · 둘
참다운 용기는 어떻게 가질 수 있을까?

용기와 무모함의 차이

　간혹 친구들이 "할 수 있으면 해 봐라!" 하면서 어떤 일로 너의 용기를 시험하려고 할 때가 있지? 그런 일들은 쉽게 할 수 없는 어려운 일일 뿐만 아니라 위험한 일일 때가 많아. 이럴 땐 어떻

게 해야 할까? 못하겠다고 하면 친구들의 놀림을 받을 것 같고, 그렇다고 시키는 대로 할 수도 없고 말이야. 이런 일이 생긴다면 누구라도 난처해질 거야.

    용기는 위험을 무릅쓰고 어려운 일을 하려는 마음이라고 하지. 하지만 위험을 감수하는 것을 모두 용기 있는 행동이라고 할 수 있을까? 용기 있는 행동에는 그런 행동을 할 만한 이유가 있어. 정당한 이유 없이 위험한 행동을 한다면 그것은 용기가 아니라 무모함이야.
    우린 용기와 무모함을 구별할 필요가 있어. 그렇지 않으면 해서는 안 될 일, 또는 위험한 일을 하는 것을 용기 있는 행동으로 착각할 테니까 말이야. 혜용이가 잠시 그랬던 것처럼.

용기는 다른 사람을 위하는 마음에서 시작되는 것이지만, 무모함은 자신을 돋보이고자 하는 마음에서 시작되는 거야.

또 용기는 위험을 감수할 능력이 있을 때 발휘하는 것이지만, 무모함은 위험을 견딜 능력이 없는데도 생각 없이 뛰어드는 것이지.

신문에 다른 사람을 구하기 위해 위험을 무릅쓴 사람들의 기사가 실리기도 하지. 그들의 용기를 칭찬하면서 말이야. 어떤 경우에는 다른 사람을 구하려다 목숨을 잃기도 해. 정말로 안타까운

으악, 나 혼자 두 사람을 어떻게 구해!

일이지. 하지만 사람들이 그 사람의 용기를 칭찬하는 것은 그 사람이 죽음을 선택했기 때문이 아니라 다른 사람의 목숨을 가치 있게 여겼기 때문이야. 목숨을 버리는 것은 원래의 목적이 아니었다는 거지. 이처럼 용기는 어떤 가치 있는 결과를 위해 희생을 치르는 것인 반면, 무모함은 가치 없는 것에 자신을 희생시키는 것을 말해.

진짜 용기는 이렇게!

　진짜로 용기가 필요한 때는 다른 사람이 내게 용기를 요구했을 때가 아닌 것 같아. 용기가 필요한 때인지는 스스로 판단하는 거지. 너희는 이제 겉으로 보이는 씩씩한 행동을 하는 것뿐만이 아니라, 자신의 잘못을 인정하고 상대에게 용서를 구할 수 있는 마음을 갖는 데에도 용기가 필요하다는 걸 알았을 거야. 그리고 용기는 내가 마음속에 어떤 생각을 가지고 있느냐에 따라 전혀 다른 행동으로 나타나곤 해. 자, 진짜 용기를 내기 위해 마음속에 가져야 하는 생각들을 이렇게 정리해 보면 어떨까?

> **진짜 용기를 내기 위한 생각의 기술**
>
> - 어떤 일에 앞서 내가 그 일을 할 수 있는가를 생각한다.
> - 다른 사람의 평가보다는 내가 그 일을 해야 하는 이유를 생각한다.
> - 내가 하려는 일이 자신에게 도움이 되는 것인지 반대로 해가 되는 것인지를 분명히 한다.
>   다른 사람은 물론 나 자신에게 해가 되는 일을 하는 것은 용기가 아니다.
> - 만약 그 일을 위해 뭔가를 희생해야 한다면, 그 희생이 가치 있는 것인지 판단한다.
>   무가치한 희생은 무모함이다.
> - 다른 사람의 도움을 구하는 것도 용기라고 생각한다.

03 지켜 주어야 하는 비밀과 지킬 수 없는 비밀

베프의 비밀

"민수야, 이리 와! 내가 떡볶이 쏜다!"
학교 앞 떡볶이집에서 아이들과 서 있던 주혜가 지나가던 민수를 불렀다.
"난 괜찮은데……."
"무슨 소리! 베프*한테 안 쏘면 내 맘이 아프다."
주혜는 너스레를 떨며 민수를 낚아채듯 붙잡았다.

* 베스트 프렌드(Best Friend)의 첫 글자를 따서 쓴 은어.

"아줌마, 여기 떡볶이 1인분 더 주세요!"

"이걸 다 네가 사는 거니? 돈 많은가 보다?"

떡볶이집 아줌마는 얼른 한 접시를 내주며 말했다.

주혜에게 떡볶이를 얻어먹는 아이들이 한 열 명쯤은 되어 보이는데, 정말이지 주혜가 이 돈을 다 내나 싶었다.

"오늘 무슨 날이야?"

"날은 무슨 날? 그냥 기분 좋아서 쏘는 거지."

"너희 엄마는 용돈을 많이 주시나 보다."

"뭐, 쪼옴!"

주혜는 잠시 얼굴 표정이 굳어졌다가 이내 밝게 웃었다.

"너, 그 얘기 들었어?"

"오늘 선생님 지갑에서 또 돈이 없어졌대."

"정말?"

"이번 달 들어서 벌써 몇 번째냐?"

"상습범인 것 같아."

"그러게, 누군지 잡히면 바로 퇴학당할 거야."

떡볶이집 앞에 둘러선 아이들이 이야기를 주고받았다.

"야, 야, 떡볶이 맛 떨어지게 그런 칙칙한 이야기를 하냐?"

다른 아이들은 심각한데 유독 주혜만 화제를 바꾸려 했다.

"우리, '소년시대' 팬클럽 만드는 거 어때?"

"소년시대 팬클럽?"

"멋지다!"

주혜가 바람을 잡자 아이들은 곧 소년시대 이야기로 시끄러워졌다. 민수는 가수 이야기에 별 관심도 없었지만 엄마한테 전화가 오는 바람에 자리에서 일어나야 했다. 직장에 다니는 민수네 엄마는 시간마다 전화해서 민수가 제시간에 맞추어 학원에 가는지 물었기 때문이다.

"잘 먹었어. 난 학원에 가야 해. 제시간에 안 가면 엄마한테 혼나거든."

"으이그, 저 마마걸! 그래, 잘 가라."

주혜는 민수를 어린애 보듯 쳐다보다 고개를 돌려 아이들과 소년시대에 대한 이야기를 계속했다. 시계를 보며 학원으로 달려가는 민수는 남아서 여유 있게 수다를 떠는 아이들이 부러웠다.

다음 날 학교에서도 아이들은 소년시대 이야기를 계속했다. 어제 떡볶이집에서 정말로 팬클럽을 만들기로 결정한 것 같았다. 민수는 멀찌감치 앉아서 아이들의 이야기를 흘리듯 듣고 있었다. 그때 주혜가 다가왔다.

"야, 베프! 풀 죽어 있지 말고, 오늘 우리 집에 오지 않을래?"

"그러고 싶지만 난 학원 가야 해."

"하루쯤 빠지면 어떠냐? 학원 안 간다고 죽는 것도 아닌데?"

"엄마가 전화해서 확인한단 말이야."

"엄마한텐 학원 갔다고 하면 되잖아. 내가 비밀 꽉 지켜 줄게!"

민수는 무엇엔가 홀린 듯 그러겠다고 대답했다.

수업이 끝나고 민수는 주혜네 집으로 갔다.

"난 원래 친구들이 집에 오는 거 별로 안 좋아하는데 넌 베프니까 특별히 데려온 거야."

주혜네 집은 그다지 여유 있어 보이지 않았다. 좁은 집에 낡은 가구가 가득 들어차 있어 더욱 비좁아 보였다. 평상시 씀씀이를 봐서 주혜네 집은 굉장히 부자일 거라고 생각했었다.

"뭐, 우리 집은 이렇게 살아. 실망했지?"

"아, 아니. 실망은 무슨……."

주혜네 집에 도착한 지 얼마 되지 않아 민수의 휴대 전화가 울렸다. 민수는 더듬거리며 엄마에게 학원에 도착했다고 말했다.

"야, 거짓말하는 거 다 티 난다. 거짓말을 할 때는 더 당당하게 해야지."

"그러니?"

어영부영 엄마의 전화를 끊었지만 민수는 마음이 편치 않았다. 그래도 기왕 놀러 온 거 재미있게 놀다 가야지, 하고 마음먹었다.

하지만 주혜네 집을 여기저기 둘러보던 민수는 놀라운 광경을 목격했다. 주혜가 엄마 지갑에서 몰래 돈을 꺼내고 있는 것이었다. 민수는 돈을 꺼내 들고 나오는 주혜와 눈이 마주쳤다.

"너……."

"시끄러워! 돈은 쓰라고 있는 거야. 우리 나가서 맛있는 거나 사 먹자!"

민수는 주혜의 태도에 문득 떡볶이집에서 아이들이 했던 말이 떠올랐다.

"너 혹시…… 선생님 것도……."

민수는 말끝을 흐렸다. 그러면서 주혜가 아니라고 대답하길 바랐다.

"맞아, 나야. 선생님은 돈 많잖아? 돈 싸 들고 학교에 찾아오는 엄마들도 있다는데, 뭐. 나같이 돈 없는 사람하고 좀 나누어 써도 되잖아?"

민수는 더 이상 말을 못했다. 주혜의 표정이 무섭게 변한 것만 느낄 뿐이었다.

"너, 비밀 지켜라. 내가 네 비밀을 지켜 주듯이 너도 내 비밀을 지켜 줘야 해. 안 그러면 떡볶이는 국물도 없다!"

"난 떡볶이 같은 건 필요 없어."

"하긴, 넌 떡볶이에 넘어가는 애가 아니지. 그래서 너랑 베프 하고 싶다니깐."

민수는 온몸이 부들부들 떨렸다.

"나 집에 갈래."

민수는 더 이상 주혜와 함께 있고 싶지 않았다. 민수는 황급히 가방을 들고 주혜네 집을 나왔다. 뒤도 돌아보지 않았다.

그날 저녁 민수는 심하게 앓았다. 열이 39도까지 올랐다. 엄마는 민수가 몸이 아파서 학원을 빠진 것으로 생각했다.

"사실 저 학원 안 가고 친구 집에 놀러 갔어요."

엄마는 민수의 말에 별다른 반응이 없었다. 학원을 빼먹은 것보다 당장 아픈 것이 더 걱정되는 듯했다. 잠깐 잠이 든 사이 민수는 주혜가 민수 엄마의 지갑에서 돈을 꺼내며 괴상한 웃음을 짓는 꿈을 꾸었다. 화들짝 놀라 잠에서 깬 민수는 긴 한숨을 내쉬었다. 머릿속에는 온통 비밀을 지키라는 주혜의 목소리가 맴돌았다.

 그래도 아침에는 다행히 열이 내려 학교에 갈 수 있었다.

"애 좀 봐, 하루 사이에 삐쩍 말랐네. 어디 아팠니?"

주혜가 다정하게 말을 붙였지만 눈빛은 여전히 비밀을 지키라고 윽박지르는 것처럼 보였다.

수업을 마친 후 민수는 학원에 가지 않고 교무실 근처를 맴돌았다. 하지만 교무실에 들어가 선생님을 만날 엄두는 나지 않았다. 복도를 지나가던 상담 선생님이 집에 안 가고 뭐 하고 있냐며 민수에게 관심을 보였다. 상담 선생님이라면 고민을 털어놓을 수 있을 것 같았다. 민수는 상담 선생님 뒤를 따라가며 말했다.

"저, 선생님……. 고민이 있는데요."

상담 선생님은 민수를 상담실로 데리고 갔고, 민수는 선생님에게 주혜의 일을 이야기했다.

"친구의 비밀을 고자질하는 건 나쁜 건가요?"

"고자질이라니? 고자질은 상대를 혼내 주기 위해서 하는 거 아니니? 민수는 주혜를 걱정하고 있는 것으로 보이는데?"

"그건 맞아요. 전 주혜가 아주 나쁜 애라고 생각하지는 않아요. 그래서 주혜가 안 좋은 버릇을 빨리 고쳤으면 좋겠어요."

"네 마음을 주혜에게 말해 주는 건 어떨까? 네가 주혜를 진심으로 걱정하고 있다는 것 말이야."

"주혜가 제 마음을 알아줄까요?"

"그런 걱정보단 지금은 네 진심을 전하는 것만 생각하자꾸나."

민수는 그길로 주혜네 집을 찾아갔다. 주혜는 어색한 표정으로 민수를 맞았다.

"너 또 학원 안 갔어?"

"학원 가는 것보다 더 중요한 일이 있어서 왔어."

"중요한 일?"

"너, 나랑 베프 하고 싶다고 했지? 나도 그래. 하지만 나는 베프가 나쁜 비밀을 가지고 있는 것은 싫어."

"무슨 말이야? 분위기는 있는 대로 다 잡고?"

"난 너의 비밀을 지켜 주기도 할 거고, 또 지키지 않기도 할 거야."

주혜의 얼굴이 일그러졌다.

"네가 다른 사람의 돈을 훔쳤다는 건 우리 반 아이들에게 비밀로 할 거야. 난 네가 지금처럼 밝고 명랑한 모습으로 지내는 게 좋으니까. 하지만 선생님께는 네 비밀을 말할 거야. 네 나쁜 버릇을 고치는 게 옳다고 생각하니까."

민수의 말에 주혜는 울음을 터뜨렸다.

"주혜야, 네가 먼저 선생님께 말씀드리는 게 어떨까? 그럼 나도 네 비밀을 지켜 줄 수 있잖아?"

얼마 뒤 학교에서 민수는 주혜의 밝은 모습을 다시 볼 수 있었다. 주혜가 선생님께 사실을 이야기했는지는 알 수 없었다. 하지만 민수를 보고 찡긋 윙크를 지어 보이는 주혜의 표정에 왠지 모를 편안함이 감돌았다. 민수는 주혜를 믿기로 했다. 그리고 약속대로 아이들 사이에서 주혜의 비밀을 지켜 주었다.

생각의 기술 · 셋
비밀을 지켜야 할지 어떻게 판단할까?

비밀을 지키기란 무척 어려워!

　간혹 다른 사람의 비밀을 알게 될 때가 있을 거야. 아주 우연한 기회에 비밀을 알게 되는 경우도 있지만 때론 친구가 너만 알고 있으라며 넌지시 말해 주는 경우도 있지. 그러곤 이렇게 이야기할 거야.

　"비밀 꼭 지켜라!"

　나 원 참, 사람을 어떻게 보고 하는 말이야? 그래서 넌 이렇게 말하겠지?

　"난, 다른 사람의 비밀을 떠벌리고 다니지는 않아!"

자신 있게 대답을 하겠지만 누군가의 비밀을 간직하고 있다는 건 쉽지 않은 일이야.

　별것 아닌 일처럼 보이는 것도 일단 비밀이 되면 무지무지 엄청난 일로 느껴져. 그래서 비밀이 있다는 사실만으로도 가슴이 두근두근! 다른 사람하고 그 무거운 짐을 나누고 싶은 마음이 생겨날 수 있어. 그래서 슬쩍 이야기를 시작하지.

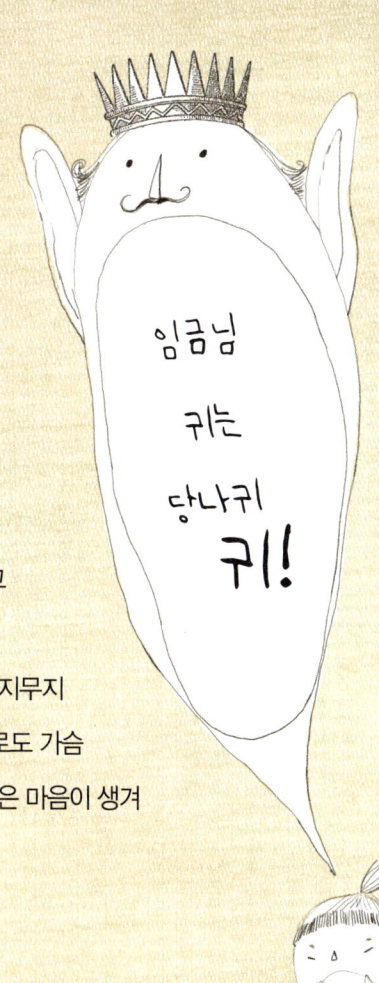

이건 특별히 너한테만 이야기하는 거야. 꼭 비밀 지켜라!

그렇지만 내게 다른 사람의 비밀을 전해 들은 또 다른 사람도 나와 같지 않겠어? 그래서 똑같이 비밀을 지키라며 다른 사람에게 이야기를 할 수 있어. 그러다 보면 어느새 모든 사람들이 비밀을 알게 되는 거야. 이제 그 일은 더 이상 비밀이 아니라 누구나 아는 일이 되는 거고. 그리고 비밀을 간직하고 싶었던 사람은 무척 상처를 받겠지. 그런 사람은 친구일 수도, 부모님일 수도, 심지어 나 자신이 될 수도 있어.

그래, 누군가의 비밀을 지켜 준다는 건 쉬운 일이 아니지만, 그렇다고 함부로 비밀을 폭로하고 다니면 여러 사람이 상처를 받을 뿐만 아니라 사람들 사이의 믿음도 사라지게 되지. 비밀은 지켜 주었을 때에만 비밀이 되는 거야.

나쁜 비밀을 알게 되었을 때

하지만 상대가 비밀로 하길 원한다고 해서 모든 일을 비밀로 지킬 수는 없어. 그 일이 다른 사람들에게 피해를 주거나 상대에게 해가 되는 나쁜 일일 경우에는 특히 그래. 나쁜 일을 함께 비밀로 간직하는 경우, 너도 똑같이 나쁜 일을 하는 거야. 그렇게 되지 않으려면 네 생각을 분명하게 말해 줄 필요가 있어.

상대가 비밀로 하길 원하는 일이 좋지 않은 것이라는 사실을 알게 되었을 때, 어떻게 하면 될까? 네가 그 비밀을 다른 사람에게 말하는 경우, 대부분 상대는 자신의 잘못된 행동에 대해 생각하기보다는 비밀을 폭로했다는 사실만으로 네게 화를 낼 거야. 이럴 땐 네가 왜 그 비밀을 나쁘게 생각하는지 상대도 알게 하는 것이 중요해.

그리고 네가 비밀을 지키지 않으려는 이유는 상대를 나쁜 사람으로 생각해서가 아니라, 오히려 상대가 잘되기를 바라기 때문이라는 뜻을 전하는 거야.

마지막으로, 상대의 비밀을 네 입으로 직접 말하기보다는 상대가 먼저 고백할 수 있도록 기회를 주는 거야. 그렇게 하면 넌 상대의 비밀을 함부로 말하고 다니지 않는 사람이 되는 동시에, 나쁜 비밀이 가져올 좋지 않은 일들도 막을 수 있게 되는 거지. 어때? 이렇게 하면 모두에게 좋은 일이 되지 않을까? 민수는 그 일을 아주 잘한 것 같아. 너도 잘할 수 있지 않을까?

> 네가 이런 나쁜 일 따위는 비밀로 간직하지 않는 좋은 친구였으면 좋겠어.

지켜서는 안 되는 비밀인지 어떻게 알지?

　어떤 사람의 비밀이 나쁜 일인지 아닌지를 어떻게 알 수 있냐고? 음…… 그래, 그걸 알아내는 건 쉽지 않아. 그렇지만 곰곰이 생각해 보면 무엇이 옳은지 그른지는 스스로 알 수 있어. 이렇게 말이야.

> **비밀 지키기를 판단하는 생각의 기술**
> - 비밀로 감추고 싶어 하는 상대의 행동 자체가 옳은 일인지 생각한다.
>   나쁜 행동을 비밀로 했을 때는 반드시 피해를 보는 사람이 생긴다.
> - 어떤 일을 비밀로 하고자 하는 이유가 정당한 것인지 생각한다.
>   옳은 행동은 정당한 동기를 가지고 있다.
> - 그 일을 비밀로 했을 때 사실을 알지 못하는 사람들의 마음이 어떨까 생각해 본다.
> - 앞으로 어떤 일들이 일어날지 생각한다. 상대방이나 나, 그리고 다른 사람들에게 좋지 않은 결과를 주는 일은 막아야 한다.

운이 나쁘다는
믿음

| 두 번째 마당 |

절대로 버려야 하는 생각

04 잘못된 건 모두 남의 탓

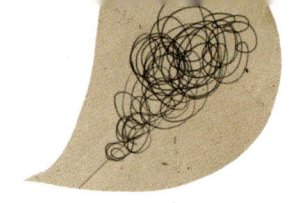

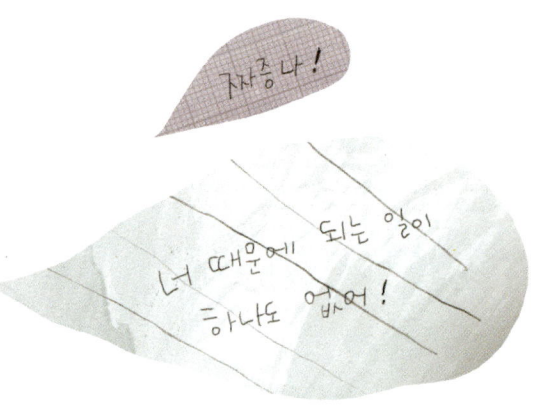

희정이의 얄미운 입

"엄마 때문에 지각이잖아!"

희정이는 시계를 보면서 짜증을 냈다.

"늦잠은 네가 잤으면서 왜 엄마 탓이래?"

"엄마가 안 깨워서 그런 거잖아!"

"안 깨우긴 뭘 안 깨워? 아무리 깨워도 안 일어나더구먼."

"몰라, 몰라, 이게 다 엄마 때문이야."
희정이는 현관문을 쾅 닫으며 성질을 부렸다.

희정이는 아침부터 성질을 부리고 나온 탓에 기분이 좋지 않았다. 아침 조회가 끝날 무렵 뒷문을 열고 들어가, 선생님 눈치를 보며 자리에 앉으면서도 제시간에 깨워 주지 않은 엄마가 야속하기만 했다.
"왜 이렇게 늦었어?"
희정이는 관심을 보이는 영신이의 말에도 짜증이 났다.
"몰라, 말 시키지 마!"
희정이는 자기도 모르게 큰 소리를 냈다.
"뭐야? 늦게 온 주제에 떠들기까지 하냐?"
선생님은 화난 표정으로 희정이 쪽을 바라보았다.
"너 때문에 나만 야단맞았잖아!"
"그게 왜 나 때문이야? 네가 큰 소리로 말해서 그런 거잖아."
"가만히 있는 사람한테 왜 말을 시키고 난리야? 안 그래도 기분 나빠 죽겠는데."
희정이의 목소리가 다시 커졌다.

"거기 조용히 못해?"

선생님의 말씀에 희정이와 영신이는 더 이상 말을 할 수 없었다.

희정이는 변덕이 심하고 잘 삐치는 데 비해 영신이는 그런 희정이의 성질을 잘 받아 주는 편이었다. 하지만 무슨 일이든 잘못되면 모두 영신이의 탓을 하는 희정이 때문에 영신이도 조금씩 짜증이 나고 있었다. 학원에서 엘리베이터를 놓쳐도 영신이가 굼벵이처럼 느려서라고 했고, 저 혼자 길을 가다 돌부리에 걸려 넘어져도 영신이가 붙잡아 주지 않아서라고 했다. 숙제를 깜빡 잊고 가져오지 않은 것도 영신이가 전날 알려 주지 않아서라고 생떼를 쓰기까지 하니 영신이는 희정이와 친하게 지내면서도 꼴 보기 싫을 정도로 미울 때가 많았다.

그러던 중 둘 사이가 완전히 틀어지게 되는 사건이 터졌다. 희정이가 소은이의 생일 잔치에 초대받지 못한 것이었다. 소은이는 이를테면 여자아이들 중 짱 같은 아이였다. 그래서 모두들 소은이와 친하게 지내고 싶어 했고, 생일 잔치에 초대되기를 바랐다. 조금은 웃기는 이야기지만 소은이가 생일 잔치에 초대한다는 건 여자아이들 사이에서 함부로 무시해서는 안 되는, 힘 있는 아이라는 게 증명되는 것쯤으로 여겨졌다. 그런 마음은 희정이나 영신이 모두 마찬가지였다. 그렇기에 희정이는 자신이 초대받지 못한 것에 무척 속상해했다.

"너 때문에 나까지 초대받지 못한 거야."

"무슨 말을 그렇게 하니?"

"네가 어디서 만날 아줌마들 시장 갈 때나 입는 것 같은 찌질한 옷만 입고 다니니까 무시당하는 거라고. 그런 너랑 어울리는 나까지 덩달아 말이야. 너 때문에 되는 일이 하나도 없어!"

"너, 말을 너무 함부로 하는 거 아니니?"

"사실을 말하는 것뿐이야. 소은이처럼 쿨한 애가 찌질한 애들과 어울리고 싶겠어?"

"찌질하다고? 그래, 나 찌질하다. 그래서 뭐, 어쩔래?"

"어쩌긴 뭘 어쩌겠어? 찌질한 너를 나라도 건져 주는 걸 다행으로 알아라."

"어째서 너는 자기 탓이라는 생각은 조금도 안 하니? 허구한 날 남 탓만 하는데 누가 널 초대하고 싶겠어? 난 옷이 찌질하지만, 넌 마음이 찌질하다."

희정이는 영신이의 말에 더 화가 났다. 그래서 내친김에 소은이한테 가서 자기도 생일 잔치에 초대해 달라고 말했다. 하지만 소은이는 무척 냉담한 반응을 보였다. 흥분한 상태에서 부쩍 더 달아오른 희정이는 찌질한 영신이하고는 어울리지 않을 테니 자기도 무리에 끼워 달라고 말했다. 소은이는 의미심장한 웃음을 지으며 생각해 보고 연락을 주겠다고 말했다. 하지만 생일날까지 소은이는 희정이에게 아무런 연락도 주지 않았다.

소은이의 생일 잔치가 한창일 시간이었다. 희정이는 화가 나기도 하고 속이 상하기도 해서 안절부절못했다. 희정이는 영신이에게 전화를 걸었다. 여러 명이 함께 있는 듯 영신이의 전화기에서는 소란스럽게 웃는 소리가 들려왔다. 자기 집에 놀러 오라는 희정이의 말에 영신이는 지금은 다른 곳에 있어서 갈 수 없다며 전화를 끊었다. 희정이는 속이 더 상했다. 자기가 말을 좀 심하게 하기는 했지만 냉랭하게 전화를 끊는 영신이가 야속하기만 했다.

그런데 두어 시간쯤 지나서 영신이가 희정이를 찾아왔다. 내심 무척 반가웠지만 희정이는 새침을 떼며 영신이에게 자신의 기분 나쁜 일에 대해 온갖 탓을 하기 시작했다. 그런데 가만히 듣고 있던 영신이가 입을 열었다.

"나 지금 소은이의 생일 잔치에 갔다 오는 길이야."

"뭐라고?"

희정이는 영신이만 소은이의 생일 잔치에 초대받았다는 사실에 놀라지 않을 수 없었다.

"왜 너만 초대받지 못했는지 생각해 보라는 말을 해 주고 싶어서 왔어."

영신이는 더 이상 말을 잇지 못하고 입만 쩍 벌리고 있는 희정이를 두고 집으로 돌아갔다.

며칠 동안 희정이는 아무도 상대해 주는 사람이 없어 외톨이로 지냈다. 그러다 보니 영신이만이 자기와 친하게 지내고 있었다는 사실을 깨닫게 되었다. 그리고 영신이와 함께했기 때문에 다른 아이들과 이야기를 나누기도 했다는 것을 알았다. 희정이는 고민 끝에 영신이를 찾아갔다.

"영신아, 그동안 미안했어. 너 때문에 되는 일이 하나도 없다고 말한 거 정말 미안해. 사실은 너 때문에 즐겁게 지낼 수 있었다는 걸 이제야 알게 됐어."

희정이는 영신이가 사과를 받아 주지 않으면 어떡하나 걱정이 되었다. 소은이 생일 잔치 일로 영신이에게 너무 심한 말을 했기 때문이다. 하지만 영신이는 다정하게 희정이의 사과를 받아 주었다.

"나도 너와 다시 친하게 지내고 싶었어. 가끔씩 얄밉게 말하는 고 입이 보기 싫기는 하지만 말이야."

"아냐, 아냐, 이젠 너한테 함부로 말하지 않을 거야. 무조건 네 탓만 하지도 않을 거구. 넌 정말로 좋은 친구였어."

희정이와 영신이는 전처럼 친한 사이가 되었다. 이후로도 남을 탓하는 희정이의 못된 버릇이 불쑥불쑥 나오려고 했지만, 그때마다 영신이가 "얄미운 입!" 하고 말하면 희정이는 나오려는 말을 참을 수 있었다. 그리고 희정이는 영신이의 옷차림이 많이 바뀌어 있는 걸 발견할 수 있었다.

생각의 기술 · 넷
남의 탓만 하지 않으려면 어떻게 해야 할까?

남의 탓에도 이유가 있어, 하지만……

우린 어떤 일이 생긴 이유를 다른 사람들에게 돌리곤 하지. 좋은 일에 다른 사람 탓을 한다면야 서로 기쁨을 나누게 되지만 나쁜 일에 남의 탓을 하는 건 서로를 기분 나쁘게 할 수 있어.

그런데도 사람 마음이란 좋은 일에 다른 사람 탓을 하기보다는 나쁜 일에 남의 탓을 하게 되는 법이지. 희정이가 그랬던 것처럼 말이야.

물론 어떤 일은 정말 남의 탓으로 잘못되는 경우도 있어. 하지만 사람들이 잘못된 일에 남의 탓을 더 많이 하게 되는 이유는, 자기를 보호하고 다음번에는 더 잘해 보고자 하기 때문이기도 한 거래. 자기 탓만 하다 보면 점점 자신감이 없어져 버리니까 말이야. 반대로 남의 탓을 하면 자기 잘못은 없다고 생각하니까 어려운 일에 다시 도전해 볼 수 있다고 생각하는 거야.

자기 탓을 하는 경우　　　　　　　　　남의 탓을 하는 경우

하지만 길게 두고 보면, 남을 탓한다고 자기가 더 나아지지는 않아. 무조건 남의 잘못이라고 생각하니까 자기가 더 노력해야 하는 게 무엇인지 알지 못하게 되거든. 게다가 남의 탓만 하다 보면 주위 사람들이 더 이상 너와 함께하려 하지 않을 거야. 함께 있다가는 무조건 잘못을 뒤집어

쓰니까 말이야. 그러니까 우리는 남의 탓을 하지 않으면서도 자신을 보호할 수 있는 방법을 찾아야 하는 거야. 어떻게 하면 그렇게 할 수 있을까?

원인을 생각하는 여러 가지 방법

사람들이 어떤 일의 원인을 생각하는 데에는 여러 가지 방법이 있어. 가장 쉬운 것은 그게 내 탓이냐 남의 탓이냐를 생각하는 거지. 남의 탓이라고 생각할 때는 자기 밖에서 그 원인을 찾게 되니까 마음이 좀 편해지기는 하겠지. 하지만 그게 사실일까?

두 번째는 원인이 변화 가능한 것인가를 생각하는 거야. 어떤 나쁜 결과를 만들어 낸 원인이 바뀔 수 있는 것이라고 생각하면 잘해 볼 힘이 생기게 될 거야.

마지막으로, 자신의 능력에 대해 생각하는 거야. 스스로가 능력이 있다고 생각하면 결과도 바뀔 수 있지.

한번 생각해 보자. 남을 자꾸 탓하면 소중한 친구들을 잃을 수 있어. 반대로 내 탓만 하다 보면 너무 속상해서 자신감이 없어져 버려. 그럼, 자신감을 잃지 않으면서도 자기 스스로에게서 원인을 찾아보는 방법을 생각해 보는 건 어때?

남을 탓하지 않고도 자기를 보호하는 방법

앞에서 살펴본 방법들을 가지고 생각해 볼까? 자신감을 잃지 않고 어떤 일의 원인을 생각해 보는 방법은 남을 탓하는 것 말고도 두 가지나 더 있었지? 그 원인이 변화 가능한 것이고, 자기는 원래 잘할 수 있는 능력을 가지고 있다고 생각하는 것 말이야. 어떤 안 좋은 일이 생겼을 때, 이제는 이렇게 생각해 보자!

그래, 이건 내 진짜 실력이 아니야. 다음에는 더 잘할 수 있어. 아자!

남을 탓하지 않고도 잘할 수 있는 생각의 기술

- 현재의 잘못된 결과보다는 원인이 무엇인지를 생각한다.
- 먼저 자기에게 원인이 있다고 생각한다.
- 자기에게 어떤 실수가 있었나 찾아본다.
- 자기의 실수나 잘못은 노력에 의해 바뀔 수 있는 것이라고 생각한다.
- 자기에게는 잘못된 결과를 바꿀 수 있는 충분한 능력이 있다고 생각한다.

어때? 네겐 충분한 능력이 있다고 믿고, 지금의 실수를 만회하려는 노력을 하고, 지금보다 훨씬 잘할 수 있다고 생각한다면 다른 사람들 탓을 하며 불평만 늘어놓지는 않게 되겠지? 여기에 비밀을 하나 더 말해 줄게. 실수를 두려워하지 않고 인정한다면 두 번 다시 똑같은 실수를 하지 않게 된다는 것 말이야.

05 운이 나쁘다는 믿음

영천이의 법칙

뒤로 넘어져도 코가 깨진다는 말은 꼭 영천이를 빗대어 하는 말 같았다. 영천이는 하는 일마다 번번이 실패할 뿐 아니라 가만히 있어도 잘못을 왕창 뒤집어쓰는 것 같았다. 오늘 아침에도 멀쩡히 걸어가고 있는데 지나가는 차가 물벼락을 뿌리고 가질 않나, 재수는 영천이를 쏙쏙

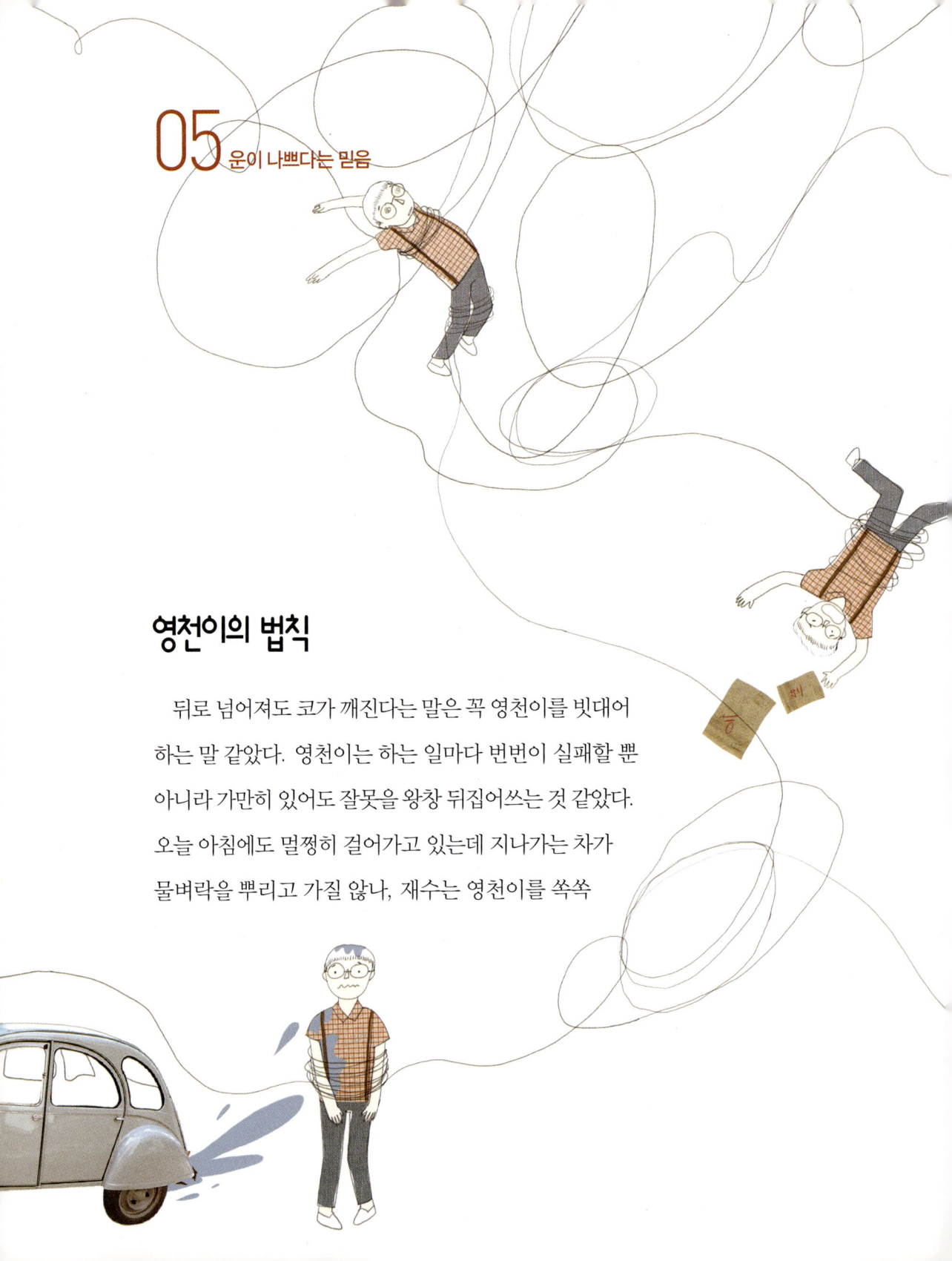

비껴가는 것 같았다. 비라도 오는 날씨였다면 그러려니 하고 참으련만, 쨍쨍한 날씨에 바짝 마른 길바닥을 걷고 있다가 당한 일이라 더욱 황당했다. 게다가 교실에 들어가기 전 복도에서 젖은 바지를 툴툴 털고 있는데, 지나가던 교감 선생님이 시끄럽게 떠든다며 꿀밤을 한 대 먹이고 갔다. 떠든 놈들은 바로 옆에 있는데 말이다. 이렇게 영천이의 엄청 재수 없는 하루가 시작되었다.

첫 시간은 국어였다. 선생님은 지난번 시험지 채점한 것을 나누어 주겠다고 했다. 언제나처럼 1, 2, 3등을 먼저 호명했다.

"1등, 음…… 웬일이냐? 박영천, 100점이다."

아이들은 "우와!" 탄성을 질렀다. 뒤에 앉은 녀석이 뒤통수를 한 대 치며 웬일이냐고 놀려 댔다. 영천이는 자기가 100점을 맞았다는 사실이 믿기지 않았다. 시험을 치른 후 답을 맞춰 보았을 때는 분명히 우수수 작대기가 그어졌다. 그때, 영천이의 시험지와 출석부에 적힌 점수를 비교해 보던 선생님의 표정이 일그러졌다.

"아, 내가 실수했다. 줄을 잘못 따라갔어. 박영천이 아니라 박용민이다."

아이들은 일제히 웃음을 터뜨렸다. 어떤 녀석은 책상을 두드리며 휘파람을 불기까지 했다. 그럼 그렇지, 내가 뭐 되는 일이 있나. 영천이는 짜증이 났다.

"옛다, 시험지나 받아 가라."

선생님은 교탁 앞으로 나가 시험지를 받는 영천이에게 꿀밤 한 대를 덤으로 줬다.

"이 녀석아, 너도 100점 좀 받아 봐라."

왜 이러냐, 왜 나한테만 이런 일이 생기냐고. 영천이는 투덜거리며 자리로 돌아왔다.

미술 시간이었다. 영천이는 모처럼 만족스런 그림을 그렸다. 미술에 소질이 없는 영천이었건만 영천이네 엄마는 실기 성적도 잘 관리해야 한다며 그 지겨운 미술 학원을 계속해서 보내고 있었다. 그동안 돈이 아깝다는 소리도 물리도록 들었다. 그런데 오늘은 웬일인지 그림이 잘 그려졌다. 이대로만 해서 점수를 잘 받는다면 앞서 있었던 재수 없는 일들은 싹 잊을 수 있을 것 같았다. 선생님도 영천이의 그림을 보더니 잘 그린다고 칭찬을 해 주었다. 이런 일도 있구나 싶어 영천이는 허벅지를 살짝 꼬집어 보았다. 꿈은 아니었다. 그런데 그것도 잠깐뿐이었다. 짝꿍이 떨어진 지우개를 줍겠다고 책상을 움직이는 바람에 물통이 그대로 영천이의 그림 위에 쏟아져 버렸다.
"아, 왜 이러냐. 난 왜 되는 일이 하나도 없냐?"
영천이는 굵은 눈물을 뚝뚝 떨어뜨리며 서럽게 울었다. 선생님은 사내 녀석이 그깟 일에 눈물을 보인다고 나무라기만 했다.

수학 시간에는 선생님이 시험지를 나누어 주며 모의시험을 보겠다고 했다. 모의시험 결과로 경시대회에 나갈 학교 대표를 뽑는다는 것이었다. 영천이는 "앗싸!" 하고 쾌재를 불렀다. 다른 건 몰라도 수학만큼은 자신 있었다. 그래서 학교 대표로 경시대회에 나갈 욕심도 생겼다. 하지만…… 이번에도 역시 되는 일이 없었다. 달랑 한 자루 들고 온 샤프에 샤프심이 들어 있지 않았다. 영천이는 샤프 꼭지를 째깍거리며 울먹이기 시작했다. 그때, 옆 짝꿍이 연필을 내밀었다. 영천이는 고맙다고 말할 틈도 없이 얼른 연필을 받아 쥐고 문제를 풀기 시작했다. 하지만 샤프심이 없어 한참 뒤에야 문제를 풀기 시작했기 때문에 시간이 부족했다. 결국 마지막 한 문제를 풀지 못하고 시험지를 제출해야 했다. 영천이는 또 눈물이 나올 것 같았다.

다음 날에도 영천이는 재수 없는 일들이 기다리고 있을 거란 생각을 하며 교문 안으로 들어섰다. 안 좋은 일이 계속해서 일어난다는 '머피의 법칙'이란 말을 처음으로 사용했다는 사람이 영천이를 먼저 보았다면 틀림없이 '영천이의 법칙'을 만들어 냈을 거란 생각을 했다. 아니나 다를까, 고개를 푹 숙이고 운동장을 지나가는 영천이의 머

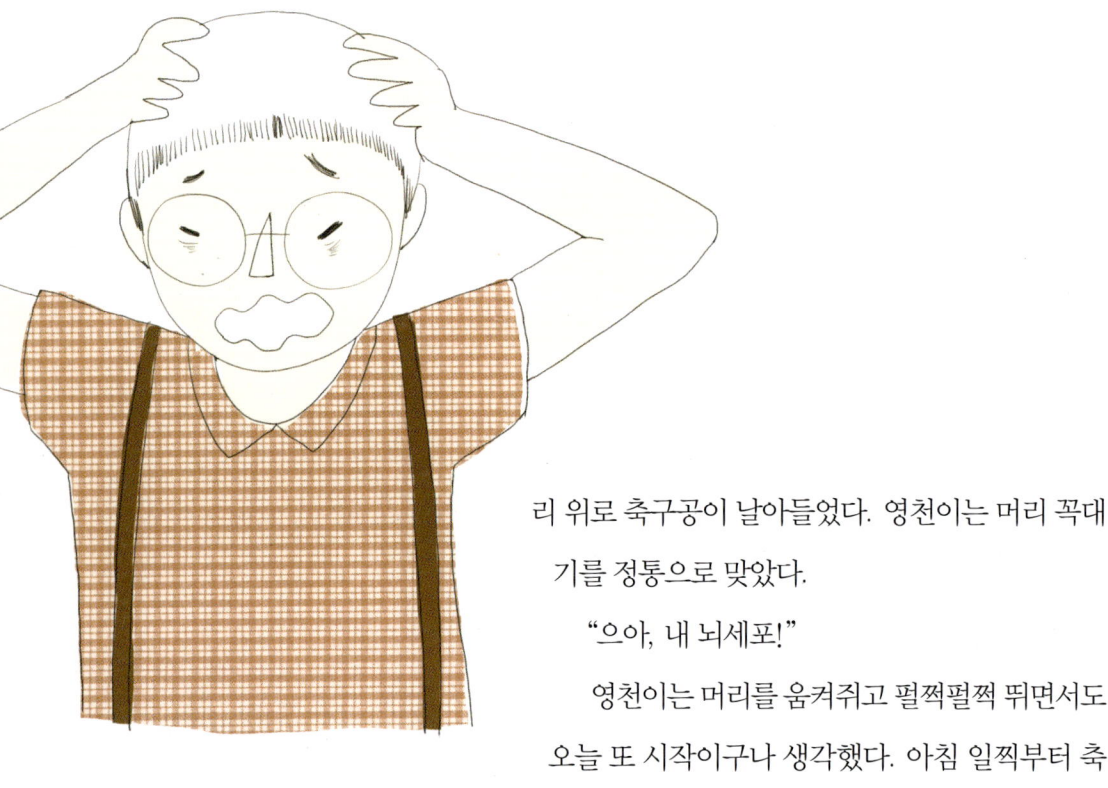

리 위로 축구공이 날아들었다. 영천이는 머리 꼭대기를 정통으로 맞았다.

"으아, 내 뇌세포!"

영천이는 머리를 움켜쥐고 펄쩍펄쩍 뛰면서도 오늘 또 시작이구나 생각했다. 아침 일찍부터 축구 연습을 하고 있던 아이들이 달려와 미안하다고 사과를 했지만 그런 말은 들리지도 않았다.

교실에 들어와 한숨만 푹푹 내쉬고 있다 보니 어느새 선생님이 들어와 계셨다.

"어제 본 수학 시험은 전교에서 100점이 두 명 나왔다. 시험이 좀 어려웠나? 그런데 그중 한 명이 우리 반이다."

아이들은 "우와!" 하고 탄성을 냈지만 영천이는 관심도 두지 않았다. 문제를 다 풀지도 못했으니 자기와는 상관도 없는 일이었다.

"그게 누구냐면…… 바로, 박영천!"

아이들은 다시 탄성을 질렀다. 뒷자리에 앉은 녀석이 또 영천이의 뒤통수를 때리며 킬킬거렸다. 하지만 영천이는 이번에도 선생님이 실수를 한 거라고 생각했다. 자기는 분명히 100점이 아니었으니까 말이다.

"박영천! 일어나 봐라. 네가 학교 대표로 수학 경시대회에 나가게 됐다니까?"

"전 100점 아니에요. 마지막 문제를 못 풀었어요. 선생님이 또 실수하신 거예요."

영천이의 말에 아이들은 다시 웃음을 터뜨렸다.

"알아, 이 녀석아! 너 운이 좋았어. 마지막 문제는 잘못된 거여서 모두 맞은 것으로 처리했거든."

아이들은 이번에도 "우와!" 하고 탄성을 내었다. 영천이는 선생님의 말이 도무지 믿기지 않았다. 운이 좋았다니? 되는 일 하나 없던 내가 운이 좋았다니? 영천이는 100점짜리 시험지보다 운이 좋았다는 말이 더 기뻤다. 그리고 이젠 되는 일 하나 없다는 말은 자신을 두고 하는 것이 아니라고 생각했다. 영천이의 법칙? 그건 더 이상 머피의 법칙과 같은 뜻이 아니라고!

생각의 기술 · 다섯
머피의 법칙은 어떻게 깰 수 있을까?

운명이란 것이 있을까?

    사람에게는 자신이 의도하지 않은 행운이 찾아오기도 하고, 또 반대로 불운이 닥치기도 한다는 사실을 부정하지 않을게. 자신이 그렇게 하려고 한 것도 아닌데, 누구에게나 나쁜 일도 생기고 좋은 일도 생기고 한다는 말이지. 그렇다고 네가 행운아가 될 수 있는 마술같이 특별한 비법이 있다는 이야기를 하려는 건 아니야. 오히려 네게 일어나는 모든 것이 네 생각에 달려 있다는 이야기를 해 주고 싶어.

    어떤 주머니에 행운을 주는 구슬과 불운을 주는 구슬이 각각 다섯 개씩 들어 있다고 해 보자. 한 사람이 주머니에서 구슬 하나를 꺼냈고 그것은 행운을 주는 구슬이었어. 다음은 네 차례야. 그 구슬을 다시 주머니에 넣은 뒤에 너도 구슬을 한 개 꺼내는 거야. 너는 어떤 구슬을 꺼내게 될까?

"앞사람이 행운을 꺼냈으니까 난 불운을 꺼내게 될 거야."

대부분의 사람들이 이런 식으로 생각해. 앞서 행운의 구슬을 꺼냈으니까 다음번엔 불운의 구슬을 꺼낼 확률이 더 크다고 말이야. 하지만 사실 주머니 안에는 행운과 불운의 구슬이 똑같은 개수로 들어 있기 때문에 앞사람이 행운의 구슬을 꺼낼 확률과 다음 사람이 행운의 구슬을 꺼낼 확률은 똑같거든. 너도 알잖아? 앞사람이 꺼냈던 구슬을 다시 주머니에 집어넣은 것 말이야.

이번엔, 주머니에서 연달아 세 개의 구슬을 꺼내기로 했어. 첫 번째 꺼낸 구슬은 불운의 구슬이었지. 다시 구슬을 주머니에 넣은 다음 두 번째 구슬을 꺼냈어. 이번에도 불운의 구슬이었어. 꺼냈던 구슬을 다시 주머니에 넣고 세 번째 구슬을 뽑을 차례야. 세 번째에는 어떤 구슬이 나올까?

계속 불운만 나오는 걸 보니 다음번도 틀림없이 불운일 거야. 왜 나한테는 이런 나쁜 일만 일어날까?

어때? 세 번째도 불운의 구슬이 나올 거라는 생각이 맞는 걸까? 한 번 꺼냈던 구슬을 다시 주머니에 집어넣었기 때문에 실제로는 두 번째든 세 번째든 행운 또는 불운의 구슬이 뽑힐 확률은 매번 똑같은 거야. 하지만 사람들은 이런 결과가 우연에 의한 것이 아니라 어떤 법칙이나 보이지 않는 힘에 의한 것이라고 생각하지. 말하자면 운명 같은 것 말이야.

어떤 사람에게는 좋은 일만 생기고 또 어떤 사람에게는 나쁜 일만 생기는 운명이 있을까? 주머니에서 구슬을 꺼내는 것처럼 사람들에게 좋은 일과 나쁜 일이 생길 수 있는 확률은 모두가 똑같은데 우리가 그런 식으로 생각하는 것은 아닐까?

머피의 법칙과 샐리의 법칙

머피의 법칙이라는 말 들어 봤지? 한번 일이 안 좋게 꼬이기 시작하면 연달아 안 좋은 일이 일어나게 된다는 뜻에서 머피라는 사람이 만들어 낸 말이래. 하지만 안 좋은 일이 연달아 안 좋은 일을 만들어 내는 데에도 다 이유가 있다더라.

일단 안 좋은 일이 일어나면 사람들은 그 일에 마음을 빼앗기는 거야. 걱정하고 두려워하고, 그러다 보면 다음에 해야 할 일에 놓치는 것이 생기게 되지. 생각지도 않은 실수를 하기 쉽다는 거야. 그러면 다음 일도 또 안 좋을 수밖에. 계속 이런 식의 실수가 연달아 일어나게 되면 사람들은 그 원인을 따지기보다는 자신의 운명을 탓하게 된다는 거야.

재미있는 건, 머피의 법칙과 반대인 샐리의 법칙도 있다는 거야. 샐리의 법칙은 좋은 일이 연달아 일어날 때 사용하는 말이야. 하지만 좋은 일이 연달아 일어나는 것도 이유가 있지. 무슨 행운을 타고났기 때문이기보다는 한번 좋은 일이 일어나면 사람의 마음이 긍정적이고 편안하게 되어, 그다음 일을 할 때 훨씬 여유 있고 기쁜 마음이 되기 때문이야. 그렇게 기쁜 마음으로 하는 일은 성공할 가능성이 매우 높은 거지. 두 번째 일도 성공하면 어떻게 되겠어? 자신감이 붙어 그다음 일은 더 잘하게 되지 않겠어?

다 마음먹기 나름이라면, 안 좋은 일이 연달아 일어나는 머피의 법칙을 깰 수도 있지 않겠어? 너한테 혹시라도 안 좋은 일이 자꾸 생기게 된다면, 그땐 이렇게 생각하는 거야.

> 머피의 법칙을 깨는 생각의 기술
> - 이번 일의 결과가 늘 같을 것이라는 생각을 버린다.
>   우리에게 좋은 일과 나쁜 일이 일어날 확률은 늘 같다는 것을 기억한다.
> - 이번 일이 성공하기 위한 최상의 조건을 생각해 본다.
> - 최상의 조건 중에서 이번에 빠뜨린 일이 무엇인지 찾아낸다.
> - 이번에 빠뜨린 일들을 다음번에는 절대 빠뜨리지 않겠다고 다짐해 본다.

기억하렴. 행운도 불운도 모두 네 생각 속에서 나온다는 것을!

06 당한 대로 갚아 주어야 한다는 복수심

앙갚음의 고리 끊기

"짜식, 가만두지 않겠어!"

인구는 머리며 옷에 묻은 물기를 털어 내며 소리쳤다. 인구가 서 있는 계단 위쪽에는 해석이가 고것 쌤통이다, 하는 표정으로 빈 물컵을 흔들고 있었다. 인구는 얼른 계단 위쪽으로 뛰어 올라갔지만 해석이는 벌써 사라지고 없었다.

기다리던 급식 시간이 되었다. 인구는 식판에 음식을 잔뜩 받아 들고 해석이가 앉아 있는 쪽으로 갔다. 그러곤 갑자기 균형을 잃은 듯 휘청대다가 해석이 쪽으로 넘어졌다. 그 바람에 해석이는 머리 위에서부터 국과 밥이 범벅이 되어 줄줄 흘러내리는 꼬락서니가 되었다. 아이들은 놀라 소리를 질렀고 인구는 해석이에게 큰 소리로 미안하다고 했다. 하지만 인구는 해석이에게 휴지를 내미는 척하며 작게 속삭였다.

"되로 주면 말로 갚는다!"

해석이는 화가 나서 부글부글 끓어올랐다. 하지만 당장은 인구에게 어떤 앙갚음도 하지 않았다.

"두고 봐라, 이 자식아! 나는 가마니로 갚아 줄 테니!"

인구와 해석이의 주고받기식 앙갚음은 어제오늘의 일이 아니었다. 몇 달을 두고 계속되어 온 문제였다. 하지만 학기 초만 해도 인구와 해석이는 둘도 없이 친한 친구였다. 서로 치고 박고 장난을 치면서도 늘 어깨동무를 하고 다니는 절친한 친구 사이였다. 그러던 어느 날, 인구가 장난으로 집어 던진 해석이의 실내화가 식당 옆 음식물 쓰레기통에 빠진 일이 화근이 되었다. 인구는 해석이에게 미안하다고 사과를 했지만, 워낙에 친한 사이인지라 껄렁껄렁한 태도를 보인 것이 해석이의 비위를 건드렸다. 해석이는 바로 인구의 신발을 벗겨 똑같이 음식물 쓰레기통에 처넣었다. 이렇게 시작된 인구와 해석이의 복수전이 지금까지도 끝나지 않고 계속되어 온 것이다.

방과 후 특별 활동 시간에는 학교 수영장에서 수영을 했다. 아직 수영 수업이 시작되기 전이었고, 몇몇 아이들만 미리 와서 물장난을 치고 있었다. 해석이는 2미터가 넘는 가장 깊은 곳에서 첨벙거리며 장난을 치고 있는 인구를 보았다. 해석이는 인구를 보자 식당 사건을 어떻게 앙갚음해 줄까 머릿속에 오만 생각이 떠오르기 시작했다. 물 밑으로 들어가 다리를 확 잡아당겨서 물이나 실컷 먹여 볼까? 아니면 지나갈 때 다리를 걸어 수영장 바닥에 쫙 미끄러지게 만들까? 이 궁리 저 궁리를 하고 있는데 갑자기 비명 소리가 들려왔다. 인구가 허우적대면서 꼴딱꼴딱 물을 먹고 있었다. 아이들은 인구가 또 장난을 치는 거라고 생각하는지 옆에서 웃고만 있었다. 하지만 인구의 허우적거리는 모습이 심상치 않았다. 수영장을 둘러보았지만 선생님은 보이지 않았다. 머뭇거리고 있는 사이 인구의 머리가 물 밑으로 가라앉기 시작했다.

해석이는 얼른 킥판 몇 개를 챙겨 들고 수영장 안으로 뛰어들었다.

'당황하지 마라. 차분해야 해.'

해석이는 수영 선생님께 배운 구조법을 기억해 내려고 애썼다. 인구는 물속에서 정신을 차리지 못하고 손을 휘저어 대기만 하고 있었다. 발에 쥐가 난 것이 틀림없었다. 해석이는 이대로 인구가 잘못되는 것은 아닌가 몹시 걱정되었다. 해석이는 인구의 등 뒤쪽으로 붙어 한쪽 팔로 머리를 끌어안고 물 위로 헤엄쳐 올라갔다. 수면 위로 인구의 머리가 나오자 인구의 등 밑에 킥판을 밀어 넣었다. 녀석이 계속 버둥대는 바람에 붙잡고 헤엄치기가 쉽지 않았다.

간신히 물 밖으로 나온 해석이는 배운 대로 인공호흡을 하기 위해 인구의 코를 잡고 얼굴을 들이밀었다.

"야, 뽀뽀하지 마!"

언제 정신을 차렸는지 인구가 해석이의 얼굴을 손으로 밀쳐 냈다.

"괜찮냐?"

인구는 해석이를 쳐다보며 어쩔 줄 모르는 표정을 지었다. 해석이는 모른 체하며 아직도 뒤틀려 있는 인구의 발을 주물러 주었다. 뒤늦게 선생님이 수영장에 들어와 인구를 의자에 앉히고 해석이를 칭찬했다. 그러고는 아무 일 없었다는 듯 아이들에게 준비 운동을 시켰다. 선생님의 구령에 맞추어 준비 운동을 하고 있는 내

내 해석이는 인구가 자신을 바라보고 있는 것을 느낄 수 있었다.

수영 수업이 끝난 후 인구는 탈의실에서 옷을 갈아입는 해석이의 곁으로 갔다.
"고마워. 네가 구해 줄 거라곤 생각도 못했어."
"왜? 내가 너를 아예 물에다 처박을 줄 알았냐?"
"점심 때 식당 일도 있고 해서……."
"그런데도 물에 빠진 거 건져 주니까 감동 먹었냐? 내가 가마니로 갚아 준다고 했잖아. 네놈은 엄두도 못 낼 어마어마하게 큰 걸로 갚아 준 거야! 이 형님의 은혜는 어떻게 갚아 줄래?"
이쯤이면 다시 화를 내면서 되받아칠 법도 한데 인구의 표정은 변화가 없었다.

"사실, 난 너하고 화해하고 싶어."

해석이는 놀란 눈으로 인구를 바라보았다. 서로 화해하고 싶은 건 해석이도 마찬가지였다. 하지만 계속되는 서로의 복수전으로 화해는 점점 어려워지고 있었던 것이다.

"그런데 왜 자꾸 못되게 굴었던 거야?"

"너도 마찬가지잖아? 처음부터 넌 내 사과를 받아 주지 않고 더 못되게 굴기만 했잖아."

"그건…… 네가 진심으로 사과를 하지 않았기 때문이야. 다른 애도 아니고 제일 친하다는 녀석이 계속 장난만 치고 있었잖아."

"그때 난 장난친 거 아니었어. 너무 미안해서 어떻게 해야 할지 몰랐을 뿐이야. 그런데 네가 내 신발을 음식물 쓰레기통에 넣는 바람에 화가 난 거고. 난 실수로 그랬는데, 넌 일부러 그런 거잖아."

해석이는 목구멍에서 안 좋은 말이 튀어나오려는 것을 꾹 눌러 참았다. 그리고 침을 한 번 꼴딱 삼켰다. 여기서 또 화를 내면 영영 인구와 화해를 할 수 없을 것 같았기 때문이다.

"그래, 그건 내가 미안하다."

해석이의 말에 인구의 얼굴이 환하게 밝아졌다.

"아니야, 내가 미안했어. 지금이라도 내 사과를 받아 줄래?"

"야, 그런 건 맛난 사과 세 개쯤은 가지고 와서 해야 하는 거 아니냐?"

해석이는 한쪽 팔로 인구의 목을 감싸 안았다. 인구는 팔을 휘두르며 버둥거렸고, 둘의 치고 박는 식의 장난이 다시 시작되었다.

인구와 해석이는 어깨동무를 하고 수영장 문밖으로 나왔다. 둘은 어깨동무를 한 채로 잠시 멈추어 섰다. 그리고 크게 숨을 들이마셨다. 이 느낌은 뭐랄까? 십 년 묵은 체증이 쑤욱 내려간 듯한 시원함?

생각의 기술 · 여섯
불타는 복수심은 어떻게 없애야 할까?

복수가 정말로 멋진 일일까?
    텔레비전 드라마나 만화 영화를 보면, 사랑하는 사람의 원수를 갚기 위해 무술을 익히고 목숨을 바쳐 복수극을 펼치는 주인공이 나오잖아? 우리는 주인공이 펼치는 이야기를 손에 땀을 쥐고 보면서 같이 흥분하고 통쾌해하기도 하지.

> 내 아버지의 원수를
> 갚기 위해 10년 동안
> 산속에서 이 칼을 갈고 닦았다.
> 원수, 내 칼을 받아라!

하지만 잘 생각해 보면 우리가 멋지다고 생각하는 건 주인공의 잘생긴 얼굴이나 화려한 무술 동작이지, 복수심 그 자체는 아닌 것 같아. 이야기를 자세히 보면, 복수를 하고도 원래의 상태로 돌아가지 않는 현실에 허탈해하거나 주인공이 죽음을 당하는 비극으로 끝나곤 해. 말하자면 행복한 결말은 하나도 없다는 거지. 그런데도 왜 우리는 복수를 생각하는 걸까?

드라마나 영화 속에서는 상대가 정말로 나쁜 사람이어서 복수가 정당한 것처럼 보이기도 해. 하지만 우리가 일상생활에서 경험하는 일들 중 드라마나 영화 같은 일들이 얼마나 있을까? 비록 그

> 소자, 이제 아버지의 원수를 갚았사옵니다. 하지만 아버지는 살아 돌아오지 못하는군요. 소자 이제 살 낙이 없사옵니다. 소자도 아버지의 뒤를 따라,
> 에잇!

런 일이 있다고 해도, 나쁜 사람에게 당한 그대로를 똑같이 되갚아 줄 필요는 없어. 나쁜 사람들은 자기가 한 것과 똑같은 방법이 아니더라도 반드시 그 대가를 치르게 마련이니까.

문제는 너와 친했던 사람이 어떤 잘못으로 네게 피해를 주었을 때일 거야. 이런 경우 싫어하는 사람이나 전혀 상관없는 사람이 똑같은 일을 했을 때보다 훨씬 더 많이 화가 나지. 서운한 마음이 큰 만큼 상대를 용서하기도 힘들 거야. 그래서 똑같이 되갚아 주겠다는 복수심에 불타기 쉽고 말이야. 친한 사이일수록 더 잘못을 용서하기 힘든 건 그만큼 상대에 대한 사랑과 기대가 크기 때문일 거야.

하지만 복수심에 불타고 있는 사람은 편안하게 지낼 수 없대. 자기가 당한 일에 대한 분노에서 벗어나지 못하기 때문에 늘 화가 나 있고, 다른 좋은 일에 몰두할 힘이 남아 있지 않아서 하고자 하는 일들의 결과가 안 좋을 때가 많을 거야. 그렇게 되면 더 화가 나고, 안 좋은 결과를 전혀 상관도 없는 상대에게 탓을 돌려 점점 더 복수심이 커지기만 할걸? 결국 복수심으로 인한 피해를 자기 자신이 보게 되는 거지.

복수심에서 벗어나는 방법

어떻게 복수심에서 벗어날 수 있을까? 그건 상대에 대해 가졌던 좋은 감정들을 더 크게 생각하는 거야. 네가 상대를 진정으로 위하고 사랑하고 있다는 사실 말이야. 이런 생각은 신기하게도 너를 위하고 사랑하는 상대의 마음 또한 깨어나게 한단다. 해석이하고 인구 사이가 그랬던 것처럼 말이야.

물론, 화난 감정을 누르고 화해를 청하는 게 말처럼 쉽게 되지는 않을 거야. 한 가지 방법을 알려 줄게. 너도 한번 해 봐!

년 지금 친한 친구가 서운한 행동을 해서 무척 화가 나 있는 거야. 그럴 때 잠시 생각을 하는 거지. 그 친구에 대한 생각을 모두 마음속에 떠올려 보는 거야. 될 수 있으면 많은 것들을 생각해. 좋은 것도 나쁜 것도 모두. 그런 다음 생각에 색칠을 하는 거야. 친구에 대한 좋은 생각에는 파란색, 나쁜 생각에는 빨간색. 지금은 네 마음속에 친구에 대한 서운함과 화가 더 많을 테니까 빨간색 색깔이 더 많겠지?

이제 주머니 하나를 꺼내는 거야. 상상 속에서 만들어 낸 주머니이지. 친구에 대한 나쁜 생각들을 하나씩 빼서 그 주머니에 담는 거야. 주머니가 점점 불룩해질수록 네 마음의 빨간 색깔도 점점 옅어지겠지? 빨간색에서 보라색으로 변하다가 파란색이 보이기 시작할 거야. 네 마음속에 빨간색이 하나도 남지 않을 때까지 나쁜 생각을 모두 집어내서 주머니에 담는 거야.

이젠 주머니가 새빨간 색으로 달아올라 있겠지? 그 주머니를 우주 밖으로 던져 버리는 상상을 해 봐. 다시는 돌아오지 못하도록 말이야. 그리고 이제 다시 네 마음을 봐. 예전처럼 친한 친구를 위하고 사랑하는 마음만 남지 않았니?

여기까지는 준비 단계야. 다음은 좀 더 구체적인 생각을 하는 거야.

복수심을 버리고 화해를 선택하는 생각의 기술
- 화를 멈추고 침착한 마음을 갖는다.
- 친구의 서운한 행동에는 그럴 만한 이유가 있을 거라 생각하고, 먼저 그 이유를 알아본다.
- 친구의 입장이 되어 본다.
- 친구에 대한 나의 마음을 정리해 본다. 화난 마음보다는 서로가 어떤 친구였는가에 초점을 둔다.
- 친구에게 건넬 화해의 말을 생각해 본다.

자, 이제 네 마음은 완전히 준비가 되었어. 남은 건 친구에게 네 마음을 전하는 거지. 그렇게 한다면 너는 친구와 화해하고 전처럼 친한 친구로 지낼 수 있을 거야. 그건 네 친구도 마찬가지 일걸?

| 세 번째 마당 |

기필코 가져야 하는 생각

07 중간에 포기하지 않는 목표 의식

으라차차 검도 배우기

"엄마, 나 검도 배울래. 응? 배우게 해 줘, 응?"
"기타 배우던 건 어쩌고? 하던 거나 계속하셔, 아들!"
"기타는 체질에 안 맞아. 난 엉덩이 붙이고 앉아 있는 것보다 뛰어다니는 게 제격이야. 부탁이야, 엄마. 검도 배우게 해 줘."
"얘가 왜 이래? 어디서 뭘 보고 후끈 달아오른 거야?"

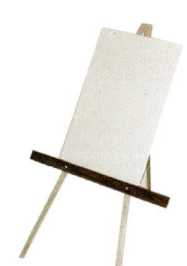

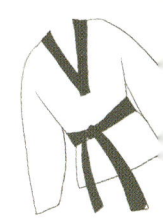

"진영이도 다닌대. 종수도 다니고. 다들 다니는데 왜 나만 못 다녀?"

"또 한 달도 안 되어서 그만두려고? 검도 얘긴 집어치우셔."

"이번엔 진짜야, 진짜로 열심히 할게. 이번에도 중간에 그만두면 다시는 뭐 배운다는 말 하지 않을게, 응?"

엄마가 윤석이 부탁을 들어주지 않는 데에는 그만한 이유가 있었다. 뭐든 한번 시작해서 끝을 보는 일이 없었기 때문이다. 엄마가 억지로 시켜서 한 거라면 모르겠지만, 윤석이는 자기가 안달을 내며 원해서 배우기 시작한 것인데도 한 달을 넘기지 못했다. 피아노, 태권도, 수영, 미술, 도자기, 스케이트, 종이접기, 오카리나, 최근에 시작한 기타에 이르기까지 종류도 무척 다양해 집 근처 학원이나 문화 센터는 거치지 않은 곳이 없을 정도였다. 윤석이는 호기심이 많을 뿐 아니라 샘도 많아 주위 아이들이 배우고 있는 것이면 무엇이든 해 보고 싶어 했다. 그렇지만 한 가지도 계속해서 배우지 못했다.

이번에는 윤석이 엄마도 호락호락 넘어가지 않았다. 그동안 윤석이의 변덕과 수없이 반복되는 도중하차에 지칠 대로 지쳐 있었기 때문이다. 내내 엄마를 조르다가 안 되겠다 싶자, 윤석이는 밥을 굶기 시작했다. 밥 굶기가 좀 치사한 방법이기는

101

해도 부모를 이기는 데에는 효과 직방이었다. 대부분 부모들은 자식이 밥을 굶기 시작하면 얼마나 가겠나 싶어 처음 하루는 관심도 없는 척하지만, 조금만 길게 시간을 끌면 바로 무너져 내리기 때문이다. 밥을 굶은 지 3일째 되는 날 윤석이 엄마도 백기를 들었다. 하지만 이번에는 조금 달랐다. 엄마는 윤석이에게 중간에 포기하지 않고 계속하겠다는 각서를 쓰라고 했다. 그리고 우선 6개월 기간을 두고 지켜보겠는데, 하루라도 검도를 빼먹는 일이 생기면 바로 용돈을 끊어 버리겠다고 했다.

검도장에 가는 첫날에는 절로 신이 났다. 도복을 입고 죽도까지 들고 나서니 한껏 폼이 났다. 윤석이는 자기가 무슨 사무라이라도 되는 것처럼 잔뜩 무게를 잡고 검도장 안으로 들어섰다. 그런데 웬걸, 첫날은 도장 구석에서 계속 죽도를 잡는 자세만 연습했다. 첫날이니까 그러려니 생각했다. 하지만 둘째 날도 마찬가지였다. 멋진 기합 소리와 함께 죽도를 휘두르며 휙휙 날아다닐 자신의 모습을 상상했건만 하루 종일 똑같은 동작만 연습하다 돌아왔다. 그러다 보니 일주일도 되기 전에 슬슬 싫증이 나기 시작했다. 어떻게 시작한 건데…… 엄마랑 한 약속도 있고……. 하지만 억지로 검도장을 다니게 되다 보니 지각도 잦아지고 혼나는 일도 많아졌다. 그럴수록 검도장은 점점 더 지겨운 곳으로 변해 갔다.

그러던 어느 날, 검도장에 여자아이 한 명이 새로 들어오게 되었다. 그 아이는 첫날부터 무척 열심히 연습했다. 조금만 더 있어 봐라, 너도 곧 이곳이 지겨워질 테니. 윤석이는 여자아이의 태도가 변하길 기다렸다. 하지만 일주일이 지나고, 이 주일이 지나 한 달이 가까워질 때까지 여자아이의 태도는 변하지 않았다. 하루도 빠지지 않고 검도장에 왔고, 와서도 누구보다 열심히 연습했다. 그 여자아이를 지켜보던 덕분에 윤석이도 덩달아 지각 결석 한 번 하지 않고 도장을 다니게 되었다.

 어쨌든 빠지지 않고 검도장을 다니기 시작한 지 두 달째에 접어들면서 윤석이는 신기한 사실을 발견했다. 몸이 전보다 훨씬 가벼워졌고, 새로운 동작을 배우려 하기보다 배운 동작을 잘 해내려고 열심히 연습하고 있었던 것이다. 그리고 점점 검도장 가는 시간이 기다려지고 연습도 재미있어졌다. 엄마도 각서까지 받는 쇼를

했으면서도 윤석이가 이번엔 제대로 다닐 수 있을까 반신반의했던 것 같았다. 여태까지 배운 것 중에서 가장 오랫동안 다니는 거라며 자주 칭찬을 해 주었다. 윤석이는 새로 온 여자아이 덕분이라는 생각이 들었다. 하지만 그 아이 이름이 무엇이었는지도 제대로 기억나지 않았다.

"너, 이름이 뭐랬지?"
윤석이는 쉬는 시간에 여자아이에게 다가가 물었다.
"왜? 나한테 관심 있니?"
여자아이는 숨을 헐떡이며 쌀쌀맞게 되물었다.
"아니, 뭐…… 앞으로도 계속 볼 건데 이름이라도 알아 두면 좋잖아."

윤석이는 말을 얼버무렸다.

"넌 최윤석이잖아. 난 이미 네 이름을 아는데 너는 아직도 모르니? 다른 애들 이름은 알기나 하는 거야?"

윤석이는 당황해서 얼굴이 빨갛게 달아올랐다. 그리고 보니, 윤석이는 같은 검도장에 다니는 아이들의 이름을 잘 알지 못했다. 별로 친하게 지내지도 않았다. 그저 제시간에 와서 끝나면 집으로 돌아가는 일만 반복했다.

"난 송유미야. 잘 외워 둬라. 또 묻지 말고."

그리고 보니 유미는 연습만 열심히 하는 것이 아니었다. 사범님이나 다른 아이들을 보면 반갑게 인사를 했고 친절하게 대해 주었다.

연습이 힘들어도 유미가 즐겁게 검도장을 다니는 비결이 여기에 있나 싶었다. 윤석이가 이름을 물은 뒤부터 유미는 윤석이한테도 반갑게 말을 건넸다. 유미와 이야기를 하고 지내면서 자연스럽게 다른 아이들과도 친해졌다. 여러 아이들과 친하게 지내다 보니 검도장 다니는 것이 더 재미있어졌다.

그렇게 하루하루 즐거운 시간을 보내던 중, 관장님이 아이들을 불러 놓고 말했다. 한 달 뒤 지역 검도장들이 모두 모여 시범 경기를 갖는다는 것이었다. 시범 경기는 단체전과 개인전으로 나뉘는데, 단체전은 다 같이 나가 정확한 기본 동작을 보여 주는 것이지만 개인전은 선발된 몇 명이 진짜 시합을 하는 것이라고 했다. 그리고 개인전에 나갈 사람은 얼마나 오랫동안 검도를 했느냐보다 얼마나 열심히 하는가를 보고 뽑을 것이라고 했다. 순간 윤석이는 가슴속에서 뭔가가 뜨겁게 달아오르는 것을 느꼈다. 도전해 보고 싶었다. 비록 검도를 시작한 지 얼마 되지는 않았

지만 최선을 다하고 싶었다. 윤석이는 두 주먹에 불끈 힘을 주고 눈을 반짝였다.

　윤석이는 땀을 비 오듯 흘리면서도 전보다 더 열심히 연습했다. 하지만 다른 아이들도 만만치 않았다. 특히 유미는 무엇에 홀리기라도 한 사람처럼 연습에 몰두했다. 윤석이는 질 수 없다고 생각했다. 엄마도 윤석이가 시합에 나가기 위해 열심히 노력하고 있다는 말에 감동을 받았는지 먹을거리에 무척 신경을 써 주었다. 반찬도 골고루 챙겨 주고, 아침마다 우유 한 잔을 먹도록 했다. 매일매일 기특하다며 궁둥이를 두드려 주면서 검도장에 보내는 엄마의 행동도 싫지 않았다. 무슨 아기 다루듯 했지만 말이다.

정신없이 한 달이 지나고 드디어 개인전에 나갈 아이들을 발표하는 날이 되었다. 초등부 초급 선수로 윤석이와 유미가 뽑혔다. 둘은 소리를 지르며 얼싸안았다. 다른 아이들이 알나리깔나리 놀리는 바람에 화들짝 놀라 서로를 밀쳐 냈지만 싱글벙글한 웃음은 그칠 줄 몰랐다.

시합 날, 윤석이와 유미는 호구를 갖추어 입고 서로에게 파이팅을 외쳐 주었다. 윤석이는 자기 차례가 되자 비장한 표정으로 호면을 썼다. 윤석이는 상대의 머리, 목, 손목, 허리 부분을 겨누며 죽도를 내리쳤다. 내리칠 때 기 부림(기 넣기)에서도 지지 않으려고 있는 힘껏 소리쳤다. 하지만 상대는 몸놀림이 재빨랐다. 윤석이처럼 몇 달 검도를 배우고 나온 솜씨 같지 않았다. 심판원이 판정을 하며 상대의 이름을 불렀을 때에야 윤석이는 시합이 끝났다는 걸 실감할 수 있었다. 유미도 기를 쓰고 시합을 했지만 둘은 모두 상대를 이기지 못했다.

"야, 실망했냐? 우린 처음 나온 거잖아. 다음번엔 꼭 이기자고!"

유미는 윤석이의 어깨를 툭 치며 밝게 웃어 보였다.

"그래, 다음번엔 꼭 이기자, 아자!"

윤석이는 기분이 좋아졌다. 어느새 달려온 엄마가 또 궁둥이를 두드리며 우리 아들 장하다는 말을 연발했다. 윤석이는 창피하게 왜 이래, 하면서 유미를 흘끔흘끔 쳐다보았다. 유미는 윤석이를 향해 다시 밝은 웃음을 지어 보였다.

집으로 돌아오는 길에 윤석이는 정말로 좋다는 생각을 했다. 처음에는 죽도 들고 폼 잡는 아이들이 샘나서 시작했고, 그다음은 용돈을 받으려고 버텼고, 또 그다음은 어디 보자 하는 심통맞은 오기로 검도를 계속했지만, 지금은 정말 검도를 좋아해서 하는 것이 되었으니 말이다. 다시 시합에 출전한다는 멋진 목표도 생겼다. 그리고 무엇보다 좋아하는 검도를 함께할 수 있는 친구가 생겼다는 사실이 가장 좋았다. 이제 뭐든 시작하면 끝을 못 보는 도중하차 윤석이는 으라차차 기 부림 소리에 멀찌감치 도망가고 없었다. 끈기 있고, 용감 씩씩한 윤석이만 있을 뿐이었다.

생각의 기술 · 일곱
도중하차하지 않으려면 어떻게 해야 할까?
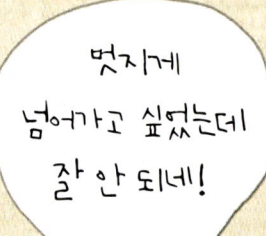

도중하차의 진실

    이것저것 하고 싶은 것이 많은 게, 만사 귀찮아서 하기 싫어하는 것보다는 낫겠지? 일단 호기심이 많으면 더 많은 것을 배울 수 있고, 자기가 할 수 있는 일들도 많아질 테니까 말이야. 그렇지만 너무 이것저것 하려고 하는 것이 나쁠 때도 있어. 시작한 일을 제대로 끝내지 못하고 이 일 저 일 집적거리기만 한다면 말이야.

멋지게 넘어가고 싶었는데 잘 안 되네!

하던 일을 마치지 못하고 중간에 포기하는 경우, 겉으로는 그럴듯한 이유를 갖다 붙이기는 하겠지만 자기도 모르는 속마음에는 다른 이유들이 있어.

도중에 포기하는 것은 하고 있던 일 자체가 지루해서라기보다는, 잘해서 돋보이고 싶은데 그게 마음대로 잘되지 않아서가 아니겠어? 하지만 잘되지 않는다고 해서 도중에 그만두고 다른 일을 찾는 건, 넘어야 할 산을 넘지 못하고 계속 그 앞에서만 왔다 갔다 하는 것과 같아.

중간에 포기하지 않는 방법

　어떤 일이든 그 일을 잘하게 되기까지는 많은 어려움이 있을 거야. 생각대로 되지 않아서 힘들고, 너무 어려우니까 지루해지고. 그럴 땐 지금 하고 있는 일보다 다른 일들이 더 좋아 보이는 유혹에 빠지기 쉬워. 다른 건 더 쉽고 재미있을 것처럼 생각되고 말이야.

　하지만 매번 찾아오는 고비들을 한 번이라도 제대로 넘기고 일을 완수해 내면, 그때부턴 옆에서 말려도 소용이 없을 거야. 그 일이 무척 신 나게 되고, 절로 재미가 생길 뿐만 아니라 잘할 수도 있기 때문이지.

너도 중간에 포기하는 일이 많았다면, 이제부터 이런 생각들을 가지고 다시 시작해 봐. 틀림없이 성공할 테니까.

> **도중하차, 중간 포기를 막는 생각의 기술**
> - 어떤 일이든 어려움의 고비들이 있다는 것을 안다.
> - 단기간에 잘할 수 없다는 사실을 인정한다.
> - 다른 일로 산만해지지 않도록 현재 하고 있는 일에 집중한다.
> - 하고 있는 일을 더욱 재미있게 만드는 것들을 알아본다.
> - 구체적인 목표를 정한다. 목표는 현실적으로 달성 가능한 것이어야 한다.

지금 하고 있는 일이 더욱 재미있어지는 비결이 무얼까 궁금하지? 윤석이는 유미 때문에 검도가 더 재미있었던 거 아닐까? 호호호! 그렇다고 꼭 여자 친구나 남자 친구랑 무언가를 함께해야 한다는 건 아니야. 간혹 친구와 선의의 경쟁을 하는 것도 도중하차를 막는 좋은 방법이 되기도 한단다. 정당한 대결 정신 말이야. 멋진 경쟁 상대를 찾아보는 것도 도움이 될 거야. 자, 네가 하려고 하는 일에서 도중하차하지 않도록, 파이팅!

08 잘할 수 있다는 믿음

영어 말하기 대회

"자, 책은 모두 가방에 넣는다. 불미스런 일이 생기지 않도록 각별히 주의하고, 모두들 최선을 다해라! 알았나?"

선생님의 말씀에도 정연이는 책을 치우지 못하고 계속 뒤적이고 있었다.

"야, 책 집어넣으라고 했잖아."

뒷자리에 앉은 은석이가 정연이를 쿡쿡 찌르며 말했다.

"어떡해, 다 까먹은 거 같아. 하나도 기억 안 나."

정연이는 금세 울 것 같은 목소리로 말했다.

"야, 야, 진정해. 너 정도면 평소 실력으로도 100점 맞는다. 공부도 잘하는 게 왜 그래?"

은석이는 정연이를 진정시키려고 몇 마디 더 하려고 했지만 선생님과 눈이 마주치는 바람에 그만두었다.

시험지가 돌아가고 모두들 시험 문제를 푸는 데 열중하고 있었다. 그때 갑자기 정연이가 손을 들고 당황한 목소리로 말했다.

"선생님, 시험지 한 장 더 주시면 안 돼요?"

"왜?"

"시험지가 더러워졌어요."

"괜찮으니까 그냥 풀어!"

"그게 아니라……."

선생님은 참 유난도 떤다는 표정으로 정연이의 자리로 시험지를 들고 왔다.

"아니, 너 침이라도 흘린 게냐? 시험지가 왜 이렇게 젖었어?"

"손에 땀이 너무 많이 나서……."

땀이라고 하기에는 너무 흥건했다. 흠뻑 젖은 시험지는 찢어진 곳도 있었다.

"무슨 땀을 그렇게 흘리나……."

선생님의 표정이 걱정스러움으로 변했다. 선생님은 정연이의 시험지를 바꾸어 주고 어깨를 두어 번 두드려 준 다음 자리를 떠났다.

시험을 치른 후 정연이는 녹초가 되었다. 그런데 쉴 틈도 주지 않고 선생님의 청천벽력 같은 말씀이 있었다. 체육 시험 준비를 하라는 것이었다. 그것도 윗몸 일으키기와 매달리기. 정연이는 다시 한숨을 크게 내쉬었다. 나무토막 같은 몸뚱이로 칠 것 같으면 은석이도 둘째가라면 서러울 지경이었지만 왠지 정연이를 위로해 주고 싶었다.

"정연아, 우리 같이 연습할래?"

"소용 있겠어? 너나 나나 알아주는 몸치 아니냐……."

"그래도 연습이라도 하면 좀 낫지 않겠어?"

은석이는 정연이를 데리고 집으로 왔다. 서로 붙잡아 주면서 윗몸 일으키기를 하는데 두 명 다 한 번도 제대로 일어나지 못했다. 그때 둘을 지켜보던 은석이네 이모가 끼어들었다.

"야, 답답해서 못 보겠다. 이모가 좀 도와줘야겠다."

"어떻게요?"

"전에 이모가 학교 특강에서 배운 건데, 들어 봐!"

운동 연습을 하는데 뭘 들으라는 걸까? 은석이와 정연이는 괜한 잔소리가 아니길 바라면서 귀를 기울였다.

"우리 몸은 자기가 마음먹은 대로 움직인대. 그러니까 몸에 명령을 내리는 거야.

아주 진지하게. 자, 눈을 감고 이렇게 말하는 거야. 몸아, 난 지금 윗몸 일으키기를 할 거야. 그러니까 넌 벌떡 일어나야 해. 그리고 또 이런 말도 해 주는 거야. 넌 정말 잘할 거야. 잘해 낼 수 있어."

아이들은 이모의 모습에 배꼽을 잡고 웃었다. 이모는 무슨 도사처럼 다리를 꼬고 앉아서 주문을 외우는 것 같았다.

"웃지 말고! 진지하게 하라니까!"

한번 해 본다고 손해 볼 건 없지. 아이들은 이모가 시키는 대로 다리를 꼬고 앉아서 눈을 감았다. 은석이는 키득키득 웃음이 나왔다. 실눈을 슬쩍 떠 보니 정연이는 무척 진지한 모습이었다.

"자, 이제 윗몸 일으키기를 해 보자."

은석이와 정연이는 번갈아 붙잡아 주면서 다시 윗몸 일으키기를 해 보았다. 정말로 신기하게도 몸이 가뿐하게 올라왔다.

"여기서 멈추면 안 돼. 한 번이라도 성공했으면 몸에게 담뿍 칭찬을 해 주는 거야. 참 잘했다, 몸아. 나는 네가 잘해 낼 줄 알았어. 자, 어서 말해 줘."

아이들은 또 이모가 시키는 대로 했다.

"어때? 멋지지?"

이모의 얼굴에는 만족스런 웃음이 번졌다.

"다른 일에도 이렇게 하면 몸이 말을 들을까요?"

정연이가 물었다.

"그럼. 뭐든 어려운 일을 하기 전에 똑같이 해 봐. 정연이는 어떤 때 이 방법을 쓰고 싶은데?"

"이를테면…… 시험 보기 전 눈앞이 캄캄해질 때나 발표하기 전 가슴이 쿵쾅거릴 때요."

정연이의 말을 들은 이모는 더없이 다정한 표정이 되었다.

"물론이지. 그럴 땐 이렇게 말해 봐. 몸아, 긴장하지 말고 떨지 마라. 넌 틀림없이 잘해 낼 수 있으니까."

이모의 목소리가 무슨 마법사같이 떨려서 모두들 웃음을 터뜨렸다. 하지만 순간 은석이는 정연이의 눈빛이 반짝이는 것을 볼 수 있었다.

체육 시험에서 은석이는 윗몸 일으키기 다섯 번, 정연이는 아홉 번을 해냈다. 열 번도 안 되는 횟수는 잘한 축에 들지 못하는 것이었지만 은석이와 정연이에게는 기적 같은 일이었다. 그동안 한 번도 성공한 적이 없었으니까. 그것뿐이 아니었다. 매달리기에서는 둘 다 5초를 넘겼다. 선생님이 초시계의 버튼을 누르는 동시에 바로 떨어져 버리는 아이들이었기에 5초를 넘긴 것은 진기 명기에 가까웠다. 둘은 무척 기분이 좋았다.

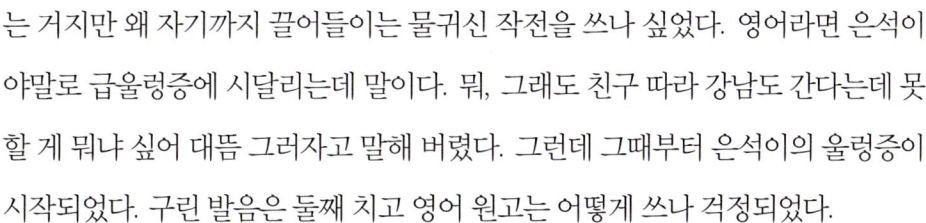

며칠 뒤, 정연이는 은석이에게 영어 말하기 대회에 나가자고 했다. 은석이는 작년 대회에서 정연이가 5분 동안 꼼짝 않고 서 있다가 울면서 나왔다는 소문을 들은지라 내심 걱정이 되었다. 게다가 저야 용기가 샘솟아 다시 나가는 거지만 왜 자기까지 끌어들이는 물귀신 작전을 쓰나 싶었다. 영어라면 은석이야말로 급울렁증에 시달리는데 말이다. 뭐, 그래도 친구 따라 강남도 간다는데 못할 게 뭐냐 싶어 대뜸 그러자고 말해 버렸다. 그런데 그때부터 은석이의 울렁증이 시작되었다. 구린 발음은 둘째 치고 영어 원고는 어떻게 쓰나 걱정되었다.

"걱정하지 마, 저번엔 너희 이모가 도와줬잖아. 이번엔 우리 이모가 도와줄 수

있어. 이래 봬도 우리 이모, 영문학 박사다!"

정연이네 이모가 도와준다는 말에 조금 안심이 되기는 했지만 그래도 속이 울렁거리는 것은 어쩔 수 없었다. 예선에서 뚝 떨어져 버릴 게 분명했다.

정연이네 이모는 우선 말하고 싶은 내용을 한글로 써 가지고 오라고 했다. 은석이는 무슨 이야기를 할까 고민하다 친구 따라 강남 가는 자신의 이야기를 썼다. 그리고 좋은 친구 덕분에 평소에는 꿈도 못 꾸어 본 영어 말하기 대회에 나가게 되었다는 이야기도 빼놓지 않았다. 정연이는 마음으로 몸에 명령을 내려 윗몸 일으키기에 성공했던 이야기를 써 왔다. 둘의 글을 읽고 난 뒤 정연이의 이모는 자신의 살아 있는 경험과 솔직한 심정을 말하고 있어 내용이 무척 좋다고 칭찬을 해 주었다. 이모의 칭찬에 은석이의 기분도 조금씩 나아졌다. 정연이네 이모의 도움으로 내용을 영어로 바꾸었고, 이제 달달 외워서 최대한 자연스럽게 말하는 일만 남았다.

드디어 영어 말하기 대회 날이 되었다. 은석이는 자신이 예선을 통과한 것만으로도 만족했다. 하지만 예선 통과는 곧 본선 대회에 나가야 된다는 뜻. 은석이는 지금이라도 그만두고 싶었다. 속이 계속 울렁거리고 어지럽기까지 했다. 은석이는 정연이의 손을 잡으며 안 할걸 그랬다는 말을 하려고 했다. 그런데 정연이의 손이 흠씬 젖어 있었다. 얼굴은 하얗게 질려 있었다. 은석이는 정연이의 모습에 정신이 번쩍 들었다. 그리고 어떻게든 정연이를 도와주어야겠다고 생각했다. 작년에 이어

올해에도 울고 나오게 만들 수는 없었다.

"정연아, 이제 다시 우리 이모 도움을 받을 때야."

"어? 무슨 말이야?"

"기억나지? 몸에게 명령을 내리는 거. 나도 지금 무척 떨리거든. 우리 같이 눈 감고 해 보자. 이모가 가르쳐 준 거 말이야."

은석이의 말에 정연이도 정신이 들었는지 함께 손을 잡고 앉았다.

"몸아, 난 지금 영어 말하기를 할 거거든. 그러니까 떨지 말고, 긴장하지 마. 넌 틀림없이 잘해 낼 수 있으

니까."

"그래, 몸아. 편안해져라. 평상시 이야기하듯 말하면 되는 거야. 넌 잘할 수 있어."

먼저 은석이 차례가 되었다. 울렁증은 가라앉았지만 무대에 서자 다시 떨리기 시작했다. 그래도 준비한 내용을 빠뜨리지 않고 끝까지 말할 수 있었다.

다음은 정연이 차례였다. 무대에 올라간 정연이는 나무토막처럼 움직이지 않고 가만히 서 있었다.

은석이는 걱정이 되었다. 쟤가 작년처럼 아무 말도 못하고 내려오면 어떡하나. 그런데 정연이를 자세히 보니 눈을 감고 있었다.

잠시 후 눈을 뜬 정연이는 대본에도 없는 말을 시작했다.

"아까는 무척 떨려서 눈앞이 캄캄해졌어요. 그래서 아예 눈을 감고 제 몸에게 명령을 했어요. 떨지 말라고 말이에요."

잠시 웅성거리던 사람들이 곧 조용해졌다. 그리고 정연이의 이야기에 귀를 기울였다.

"오늘 제가 말씀드릴 내용도 몸에 명령을 내려 두려움을 이기고 어려운 일을 해내는 것에 관한 거예요. 실제 제 경험이기도 하지요……."

정연이는 청산유수같이 영어를 했다. 심사위원들도 중간 중간 고개를 끄덕였다. 실력이 대단하다는 말을 주고받는 것도 들렸다. 정연이의 이야기가 끝나자 모두가 일어나 박수를 보냈다. 무대에서 내려온 정연이는 제일 먼저 은석이를 찾았다. 은석이도 얼른 정연이에게 갔다. 둘은 얼싸안고 기뻐했다. 등수에 상관없이 무사히 영어 말하기를 마쳤다는 사실이 너무나 기뻤다. 그래도 1등 하면 더 좋은 거 아닌가? 후후.

생각의 기술 · 여덟
긍정적인 기대는 어떻게 가질 수 있을까?

마음이 몸에 내리는 명령

　시험을 볼 때나 많은 사람들 앞에서 발표를 해야 할 때, 너무 떨려서 눈앞이 캄캄해진 적은 없니? 평소 잘하지 못하던 것을 해야 할 때는 더더욱 그렇지 않아? 떨리고 불안한 마음이 남보다 더 심한 사람도 있어. 아니, 꼭 몇몇 사람에게만 해당되는 것이 아니라, 누구라도 너무 긴장해서 온몸이 얼어붙어 움직이지 못할 것 같았던 경험이 있을 거야. 열심히 준비하고 노력했는데도 말이야. 하지만 긴장되고 불안한 마음도 생각으로 바꿀 수 있단다.

　열심히 연습하고서도 온몸이 옴짝달싹 못하게 떨리고, 눈앞이 캄캄해지고, 때론 아무것도 기억나지 않는 이유가 뭘까? 그건 자기도 모르는 사이에 마음이 몸에게 그렇게 하도록 명령을 내리기 때문이야.

　왜 마음이 이따위 명령을 내리냐고? 마음은 네가 어떤 일을 잘하지 못하니까 틀림없이 그 일을 망칠 거라고 생각했던 거야. 그리고 그게 맞는다는 것을 증명하기 위해 네 몸도 그렇게 하도록 시켰던 거지. 넌 네 마음이 그런 명령을 내렸다는 사실을 까맣게 모르고 있었던 거고.

　우리의 마음은 의식할 수 있는 부분과 의식할 수 없는 부분으로 나뉘어 있대. 의식할 수 있는 마음과 의식할 수 없는 마음이 같은 생각을 할 때도 있지만 그렇지 않은 경우가 훨씬 더 많다는 거야.

그래서 우리의 몸이 의식할 수 있는 마음을 따르지 않고 의식할 수 없는 마음을 따르게 되면, 몸이 마음먹은 대로 움직여 주지 않는다고 생각하는 거지.

그러니까 몸이 마음먹은 대로 움직여 주어서 좋은 결과를 내려면, 그렇게 바라는 마음의 힘을 네가 의식할 수 없는 마음의 힘보다 더 크게 만들어야 하는 거야.

나쁜 명령을 내리는 마음을 이기는 방법

어떻게 하면 자신도 모르는 사이 몸에 부정적인 명령을 내리는 마음의 힘을 약하게 하고, 잘되기를 바라는 마음의 힘을 키워서 몸이 그 말을 들을 수 있도록 할 수 있을까? 그건 네가 부모님의 말씀을 잘 들을 수 있는 조건과 같아. 만날 못한다고 야단을 치고, 네가 뭘 할 수 있겠니 하며 믿어 주지 잃고, 잘하는 것이 있어도 칭찬에 인색하다면 넌 화가 나서 부모님의

말씀을 듣지 않으려고 하겠지.

　우리의 몸도 똑같아. 자신이 의식할 수 없는 마음도 힘을 키워 네 몸에 다른 명령을 내릴 수도 있어. 하지만 네가 너 자신에게 충분한 사랑을 준다면 네 몸은 더 이상 너도 모르는 마음의 명령에 따르지 않을 거야. 그런 명령은 자기를 사랑하기보다는 믿지 못하는 불안에서 나오는 거니까 말이야. 자신이 진정으로 원하는 것을 하기 위해서 네 마음이 어떤 생각을 가져야 하는지 다시 정리해 보자.

> **마음에 좋은 명령을 내리기 위한 생각의 기술**
> - 잘할 수 있다는 믿음을 갖는다.
> - 잘못되는 경우에 대한 걱정보다는 지금 내가 원하는 일에 초점을 둔다.
> - 몸의 긴장에 흔들리지 않는다.
> - 자기가 해 온 일을 자랑스럽게 여기고 스스로에 대한 칭찬을 아끼지 않는다.
> - 자신의 실수나 잘못에 너그러운 마음을 갖는다.

　이런 생각을 할 수 있다면, 몸은 우리의 명령을 아주 잘 들어줄 거야. 네가 얼마나 자신을 아끼고 사랑하는지 잘 알고 있을 테니 말이야. 자, 이제 진지하고도 간절한 마음으로 몸에게 원하는 것을 말해 보자. 참 잘했다는 칭찬을 담뿍 해 줄 준비를 하고서 말이야.

　지금까지 연습한 모든 생각의 기술도 마찬가지야. 네가 그런 생각을 할 수 있고, 또 네가 그 생각에 따라 행동할 수 있다고 너 자신을 믿고 칭찬한다면 네가 하는 모든 일들이 틀림없이 잘될 거야!

　너의 성공을 미리 축하해 줄까?

　축하해! 정말 잘했어! 넌 세상에서 가장 멋진 친구야!